分人

我，究竟是什麼？

平野啓一郎——著

陳系美——譯

私とは何か 「個人」から「分人」へ

目次

前言

本書的目的，在於重新思考人的基本單位。

從「個人」談到「**分人**」。

什麼是「分人」？只要置入這個嶄新、比「個人」還小一級的單位，就能完全改變看世界的方式。更確切的說法是真正的問題在於「個人」這個單位的籠統粗略，已經快無法對應我們現在的生活。

日文的「個人」譯自英文的「individual」，到了明治時代才廣泛使用，有段時期譯為「一個人」。

「individual」由「in + dividual」構成，來自「divide」（分開）這個動詞的「dividual」加上否定字首「in」所組成的單字。從individual的字源來看，直譯為「**不可分**」，也就是「**無法再分下去**」的意思，到了近代之後，演變成現在的「個人」之意。

日本人從西方引進這個概念，但從「個人」這個詞彙，很難感知到它的原義為「無法再分下去」，所以很多人都沒想過這一點吧。不過，我們對於「個人」所抱持的各種問題，其實恰好隱藏在這個看不出來原義的字源裡。

個人是不可分的。若以這個概念理解「人的身體」，確實如此。一個人的身體，只要不被砍得四分五裂就不會分開。這獨一無二的身體——以實體存在的個人，分別被賦予例如「森林太郎」或「川端康成」等不同名字。

那我們的人格呢？人格是否也和身體一樣不可分，是唯一的存在呢？一直以來我們的認知是，這還用問嗎？當然是！我是我，你是你。人格就和身體一樣界線分明，感受思考各種事情的自己都只有一個。

但事實真是這樣嗎？這符合我們實際的感受嗎？如果重新觀察自

己與周遭的人際關係，會湧現「似乎不是這樣」的疑惑。

例如，在公司上班的自己，跟和家人在一起的自己，真的是同一個自己嗎？又例如，和久違的高中朋友去喝酒，跟和戀人獨處、打情罵俏時，我們的語氣、表情和態度相當不同吧？

或許你會說，當然不同，因為人有各種面貌。

可是這和人格只有一個的看法不就矛盾了嗎？很多人可能會回答「不矛盾」。因為人確實會依當下的情況，戴上各種「面具」，扮演「人設」，分別使用著不同的「人格面具」，但認為核心的「**真正的自己**」——也就是「自我」——只有一個，一個人的本質、主體性與價值都在這裡。

這樣的人性觀其實根深柢固。我們討厭表裡不一的人，認為看場合說真心話或場面話是日本人的惡習，八面玲瓏是輕薄之輩的表徵，能呈現「原本的自己」才是最理想的。

無論去哪裡、和誰見面，都要呈現出「我就是我」，才是誠實之人的生存之道。但我希望各位再核對一下自己的實際感受，這種事真的可能發生嗎？你自己或許無所謂，但被你這樣對待的人可能會受不了。到頭來對方可能會吃不消，覺得你是個難搞的傢伙。

其實每個人都有多樣的個性。儘管如此，「不管對方是怎麼樣的人都能接招」的人格，是怎麼樣的人格呢？是聖人君子般的理想人格嗎？或是宛如符合所有消費者期待而量產的產品，那種沒個性、不得罪人的人格嗎？倘若兩者都不是，而是一位「貫徹我就是我」的人，難道我們只能非常寬容、非常忍耐地接受他嗎？

我並不是在說，人到頭來只能看別人的臉色，以「真正的自己」和「表面的自己」交替著活下去；也不是**與別人共存，只能被迫以「虛假的自己」活下去**。這種想法太淒涼了。

所有錯誤的源頭，在於獨一無二「真正的自己」這個神話。

因此，我們試著這樣想：**唯一的「真正的自己」並不存在**。反過來說，**在不同人際關係中展現的多種面貌，都是真正的自己**。

我在開頭寫過，「個人（individual）」這個詞彙的字源是「不可分」的意思。本書為了思考上述問題，置入**「分人（dividual）」**這個新單位，拿掉否定字首「in」，將人視為「可分」的存在。

所謂分人，就是在各種人際關係中各式各樣的自己。與戀人在一起時的分人，與父母在一起時的分人，在職場上的分人，和同好夥伴在一起時的分人……這些分人未必相同。

分人，是透過和對方的反覆交流，在自己內在形成的一種人格模式。不僅是直接面對的人，也包括只在網路上交流的人，以及接觸小說或音樂等藝術，以及自然風景等行為時，人以外的對象或環境也可能是促成**分人化**的要素。

一個人，是串連起多個分人的網絡，這裡沒有「真正的自己」這種中心。

如果將個人視為整數的1，那麼分人就是分數，請大家先有這樣的概念。

「我」這個人，是由各種人際關係的分人所構成的。而我們說「像那個人的作風」（個性），則是由這個**多個分人的構成比例**決定。

倘若分人的構成比例變了，個性當然也跟著會變。個性絕非唯一不變的東西。而且沒有他人的存在，也絕不會產生個性這樣的東西。

本書並非廣泛論述人性的抽象理論書。若要整理成理論屬性的體裁，必定要先建構模式，這將抹煞潛藏在我們實際感受中的細微差異。況且我不是學者，而是小說家，因此我談的內容，自始至終都是具體的事情。我想極力排除無益的複雜論述，盡可能以率直、簡單、易懂的方式來談這個議題。

我們現在究竟活在怎樣的世界？又是怎樣活著？如果重新梳理這個現實世界，是否會活得比較輕鬆一點？

「分人」這個詞，只是為了探究這些問題的工具。為了重新思考這個我隱約察覺到的事，無論如何都需要詞彙。在佛洛伊德之前，不管人們再怎麼感受到「無意識的存在」，為了議論，還是必須賦予適當的用詞。

就這一點來說，本書的內容是很多人早已知道的事，只是沒能清楚明白地闡述出來。然而探討問題一定要有立足點，本書的意義，首先就是要搭建起這個立足點。

在媒體日益發達，人際關係越來越複雜的環境裡，沒有哪個時代像現在這麼高聲疾呼「溝通力」。因此，很多人對自我認同深感苦惱。**我是誰？**今後我究竟該怎麼活下去？

一成不變的觀念解決不了問題，現在正是該從頭創立符合現代人實情的思想的時刻。

第一章　「真正的自己」在哪裡

教室裡的孤獨

國中時的下課時間，同學們會在教室裡圍成好幾個小圈圈談笑喧鬧。我通常會加入其中一個，也有在我周圍形成圈圈的時候。我和同學感情很好，上學也很快樂，但有時會赫然發現，我對大家吵得火熱的話題很難產生共鳴。倒不是覺得無趣，只是不滿足吧。

念小學的時候，我還沒有感受到這種隔閡。但上了國中後，儘管面帶笑容配合大家，總覺得自己和大家有些格格不入，而且越來越常發生。

有段時期，我認為是我自己和這所學校不合之故。

我就讀的國中，是天主教創辦的私立學校。儘管後來我迷上基督教，甚至以中世紀歐洲的異端裁判所為題材寫了小說《日蝕》，但在當時我只覺得反感。總之對《聖經》的字字句句都不爽，對於學校修女說的每句話都火冒三丈，當我將自己的不爽如實說出後，經常在宗教課下課後被班導叫去教職員辦公室訓誡。甚至還曾被叫進校長室，和修女校長個人面談。

班上的同學並非大多是基督徒，因此理應和我在教室裡感到的違和感無關，總之從鄉下公立小學考進這所私立國中的我，在校三年都覺得不自在。所以我高中想念校風截然不同的學校，而進入了當地高舉「文武兩道」的公立高中就讀。

可是在這裡，我的違和感依然無法消除，反而覺得更孤獨，但這次我不再認為是自己和這所學校不合了。我想到的是，這是**「個人與社會」**根本上的矛盾，既然原因出在這裡，不管去念哪一所學校都一樣。

如今回顧起來，無論國中或高中，我都有很多美好的回憶，也認識了許多好朋友，可是在當時，我覺得教室是令人難以忍受的地方。

一頭栽進小說裡

就在我感到這種落差時，我開始大量讀小說。以前我對閱讀沒什麼興趣，直到十四歲讀了三島由紀夫的《金閣寺》大受震撼，成了三島文學的粉絲。讀他的作品時，我也會進一步讀影響他的作家的作品。這種閱讀方法至今沒變。我喜歡的作家所喜歡的作品，通常也是我會喜歡的。

我尤其喜愛托瑪斯·曼（Thomas Mann）早期的作品。覺得自己和周遭環境格格不入，就這一點來說，太宰治或許也寫得不錯；但托瑪斯·曼對於把自己推開的世界，並非抱著敵意、以否定的態度去寫，反倒是心懷憧憬，以明亮肯定的態度寫，我認為這是他獨特的魅力所在。

就如我前面提到的，我會把自己的狀況，當作個人與社會的矛盾來理解，主要也是受到托瑪斯・曼的影響。

我讀《布頓柏魯克世家》（*Buddenbrooks: Verfall einer Familie*）、《托尼奧・克羅格》（*Tonio Kröger*）和《小丑》（*Der Bajazzo*）這些小說時非常感動，有種「我就在這裡面！」的震撼。書中的時空背景都和我所處的時空不同，為何會這麼寫進我的心情？由於當時還沒有網路，小說成了讓我從自己的成長時空解放出來、最貼身的存在。

漸漸地，我覺得在家看書時的自己才是**「真正的自己」**，在教室和同學嘻笑時的自己並非「真正的自己」。熱愛文學、憧憬美的自己才是真的；在學校時的自己，只是配合周遭戴上面具罷了。

「真正的自己」究竟是什麼

這是十多歲的少年經常會糾結的問題，可是當時的我，覺得只有我會特別思索這件事。所以我想許多人都有類似的經驗吧。不僅是過去，即使現在一定也有人是這樣。

在日常生活的各種場合，覺得很不自在的時候，會配合「當下的氣氛」扮演某個人設撐過去。然後事後告訴自己，那不是「真正的自己」。

如此一來，**「真正的自己／虛假的自己」**的模式就簡單易懂了。在這個模式裡，「真正的自己」和「虛假的自己」之間有著明確的排序，有價值的是「真正的自己」。縱使心不甘情不願也陪笑撐過去的，是僅限於那個場合的表面的自己。在學校得不到滿足、渴求刺激的自己，只不過是短暫的面貌。藉由這樣的切割來守護「真正的自己」

的價值。

然而，這個模式有個棘手的問題。

我在此刻寫下這些的時候，一想到國中或高中的朋友，看了這本書會作何感想？不禁有些忐忑。「以前平野和我們聊得很開心，原來那都只是配合我們，其實一點都不開心啊？」——不，絕對不是這樣，我很開心喔。如果不開心，我和他們的友誼不會持續到現在。而「真正的自己／虛假的自己」，這個模式的問題就在這裡——

人設是配合演出的自己，面具是用完即丟的短暫面貌。在我的心中，有個扮演這些面貌的「真正的自己」，或是面具的背後有個「素顏」——倘若果真如此，那麼對方也一樣吧。

這麼一來，我們的人際關係究竟算什麼？剛才還那麼親暱地跟朋友或戀人談話，難道那都只是表面的、為了讓對方看而表現出來的樣子？難道自己從頭到尾都隱藏「真正的自己」，以「虛假的自己」跟國中或高中的同學往來？而對方也是這樣？

應該不是吧。我確實熱愛小說，在學校也覺得不滿足，但這指的未必是只要看小說就好，不用活出「虛假的自己」就好，如此這般享受孤獨的幸福。儘管有諸多不滿，我可是每天都去上學，幾乎可以領全勤獎。

溝通的方式，簡單最好。若彼此都戴著面具，彼此都扮演人設，將「真正的自己」隱藏起來，這種複雜的關係會形成很大的壓力。看到對方的笑容，我們會懷疑可以相信嗎？他剛才說的話是真心的嗎？一旦開始起疑，無論和誰接觸都無法解除防備心，也會以冷嘲熱諷的態度來看待這份關係。

而最大的問題在於，「真正的自己」指的究竟是什麼？如果人設和面具是表面的「虛假的自己」，那麼就該有個「真正的自己」存在於某處。

我們必須找出這個穩固堅定的自己；必須知道自己不隨不安漂流的本性；必須確立自我。

許多人苦惱著這個課題，但「真正的自我」究竟憑什麼說「真正」呢？

我們在扮演各種人設嗎？

說到底，我們真的能夠那麼有意識地扮演各種人設，戴上不同的面具嗎？那我們的內心波動和情感認同會變成怎樣？二十世紀發現的無意識，究竟是什麼？還有冒汗、心跳加速等自律神經的運作又是什麼？

以前，我曾在巴黎住過一年。當時多少會一點法文的讀寫，但口說完全不行，所以我決定去念語言學校。

去語言學校報名時，當場參加了分班測驗。說是測驗，但也只是以法文自我介紹，回答簡單的問題而已。

其實我抵達巴黎後的幾天裡，因為有事見了許多人，已經做了好幾次自我介紹，所以測驗時說得極其流暢。當然我事先查過字典，知道應該怎麼說，加上自我介紹只是單方面表述，所以這次的面試，我相當流暢介紹了自己。

但結果讓我大傷腦筋：我被編到了高級班。我很清楚自己的實力，慌忙說我無法念高級班，但面試的女校長根本不理睬：「日本人都很愛這麼說，可是一定沒問題的。以我當了二十年教師的經驗來看，你就屬於高級班！」

上課採小班制，高級班只有六個學生。除了我之外，都是德語圈的瑞士人。瑞士的官方語言是法文和德文，儘管是德語圈，他們也是從小在學校像學英文一樣地學法文，所以法文當然說得很流利。結果不出所料，我完全吊車尾。

上課時大家圍成一圈，老師會依序問同學問題，因此我也久違地事先拚命研究好自己會被問到的問題。可是如果中途有人答錯，問題就會輪到下一個學生回答，順序就亂掉了，這時我就會驚慌失措，連消化這種難堪壓力的餘裕都沒有。

我心想還是換班比較好，但也認為硬跟上去說不定會進步得跟快，於是暫時留在這一班。面試的校長也認為沒有換班的必要。

就這樣慢慢地，我覺得自己變成一個非常陰鬱的人，上課時無精打采，休息時間就算想跟其他同學聊天，但他們都輕鬆地用德語交談。他們是不太笑的人，就算我主動攀談也聊不起來，連一個笑話都不敢說。我從小就是個很健談的人，如今因為語言隔閡才深深感受到口拙是多麼痛苦的事。

我每天心情鬱悶（！）地離開學校，有一天終於和旅居巴黎的日本友人去歌劇院附近的拉麵店吃午餐。霎時，我快活了起來，叨叨絮絮地說起語言學校的情況，有趣又好笑地說：「唉，我被整得慘兮兮啊。」

最後我終於成功換到低一階的班，結果這個班出乎我意料，大家的法語都說得很差，為什麼沒有中間程度的班呢？於是我忽然變成了優等生。而且這個班也有幾個日本人，託他們的福，我終於在語言學校重拾開朗的面容。

這件事讓我思考的是，那時的我，是在語言學校扮演「陰鬱的人設」，而在日本友人面前扮演「快活的人設」嗎？

當然不是。我絕非刻意以陰鬱的人設去語言學校，反而是盡可能希望自己能開朗一點，但偏偏就是自然地消沉下來。那時同班的瑞士同學可能已經忘記我這個人，倘若記得也只是「內向、陰鬱的人」這種印象吧。

在日本朋友面前，我當然也不是故意扮演快活的人設，而是無意間就變成這樣了。我在語言學校並非刻意變得厭世，在拉麵店也不是捏造開朗。情緒並不是照著我的意願在變化，而是自行變化。各種不同的人格，也絕非刻意操作出來的。

新舊朋友同席時

「分人」這個詞彙幾度受到質疑，說何必新創這個詞彙？用以往的人設或面具就可以了吧。但是扮演人設或戴上面具，總給人一種在「真正的自己」的外面裹上虛假的人格，並加以操作的印象。問題在於這種雙重性，以及價值的排序。

接下來我想談一下我自己的事。

我就讀京都大學時，有個故鄉北九州的朋友來找我玩。他是我高中的同班同學，我讓他在我的宿舍住了好幾天，其間有一天，我和大學同學們約好要去吃燒肉，沒想太多就帶他一起去了。

可是，事後我有點後悔帶他去。因為我的高中同學和大學同學們是第一次見面，共同的話題只有我。大學同學都很好奇我念高中時是怎樣的人，就問了我的高中同學。我在一旁聽他們交談，真是無言以對，感覺很差。

高中的同班同學說，這傢伙以前是這樣、是那樣……說了很多事情。雖然不是揭發我以前幹的種種壞事，但每當他說一件事，大學同學就誇張驚愕地說，他現在是這樣喔、是那樣喔……津津樂道不同之處。我只能在旁邊苦笑說「這已經是以前的事了」，一邊假裝幫忙烤焦的肉翻面，就這樣敷衍過去。當時我的感受很複雜，硬要說的話，我覺得「難為情」。

但究竟為什麼會感到「難為情」？

當時我和他們的交談情境頗為複雜。和高中朋友講話時，我不自覺地會用他和聊天時的口氣，態度也會變成和他在一起時的態度，而且腔調是我故鄉的北九州腔。可是和大學朋友講話時，我就變成他們熟悉的我了——因為調性不同吧。後來我們喝了酒，以和諧的氣氛收場，但就結論來說，我覺得高中同學歸高中同學，大學同學歸大學同學，分開見面比較輕鬆也比較好。

我把這件事跟其他人說，想知道大家有沒有類似的經驗，結果很多人深有同感。

這究竟是怎樣的心理機制呢？

其中一個因素可能是人會成長吧。譬如長大後被要求唸自己小學時的作文，確實會難為情。以這個想法來看，和大學同學在一起的自己並不會難為情，反而只對高中時期的自己感到難為情。不過，高中同學聽到我在大學裡的事，調侃地說「你現在變得很了不起耶」，我也覺得相當難為情。

如果和大學同學在一起的我才是現在的我，那高中時期的我就已經是過去的我，只是過去幼稚的我。這麼說來，就是我**本質上的性格變了**。亦即「真正的自己」隨著成長產生了變化。可是，我在租屋處的學生宿舍和高中同學兩人獨處時，又完全變回高中時期的我。也就是說，這兩個人格同時存在我心裡。

所以我在面對大學同學時，和面對高中同學時，扮演了不同的人設嗎？

「難為情」這種感覺可能出自這種想法。人們常說「高中出道」或「大學出道」，指的是在國中或高中之前是個不起眼的學生，上了高中或大學後，心想沒人知道自己的過往就突然「改變人設」，意氣風發彷彿變了一個人。但言下之意有「難堪」、「難為情」的意思，因為其實自己不是這樣的人，卻硬要扮演新的人設。這種不自然的展現甚至會讓人覺得有些悲哀。

這和我舉的巴黎語言學校的例子一樣，我念高中時並不是故意扮演什麼人設，進入大學後也沒有刻意戴上新面具，只是在當下的環境中，自然而然變成那樣，並沒有要意氣風發「重新出道」的念頭。我看起來不一樣，不過是就結果而論。當然，為了順應新的人際關係，一定會有下意識的改變，但不可能每次改變都控制自如。如果勉強自己去改變，無法長久持續，遲早會露出破綻。我的變化，大多應該也和無意識的部分有關。

更重要的是，就像在國中時期一樣，我不認為我在學校和他們接觸的自己，都不是「真正的自己」。假設那天在燒肉店同時忙於應對的自己，每一個都是「虛假的自己」，那麼「真正的自己」是什麼？這種東西在哪裡？

如果每段人際關係都有不同的自己，而且不是人設或面具，把「一切都是真正的自己」當作理所當然的事來理解，那麼他們對高中時期的我和大學時期的我的不同，就不會動不動就誇張地大吃一驚吧。說到底，會有不同是因為他們，我也不用感到難為情，只要說「和你們在一起的時候，我就是這樣」不就沒事了嗎？

其他還有很多例子。例如我和工作對象認真談到錯綜複雜的事情時，態度有時會很嚴肅，但和老家的高齡祖母說話，無論語氣、表情或性格都截然不同，完全是另一個自己。我面對祖母時，並非刻意捏造一個人設，而是自然而然這樣。又例如，和尊敬的作家交談時的我，和在家中哄小孩時的我儼然不是同一個人，我無法控制背後緊張或放鬆的情緒，是不容分說就變成這樣的。因此我只能認為，他們是共存於我心中的自己。

在網路上判若兩人？

既然逼近本書核心，我們來看看網路上的關係吧。

網路真正普及始於二〇〇〇年代初期，我曾因為朋友寫的部落格而大吃一驚。

他平時相當沉穩，算是沉默寡言的人，在部落格卻頗為多話，評論起他聽的音樂或看的書，筆鋒非常辛辣。從他寫的一些細節來看，確實是我認識的那位朋友，但在話題的選擇或敘述的口吻上，簡直判若兩人。驚訝的不只我一人，我們的共同朋友看了也傻眼地說：「原來那傢伙其實是那種人啊。」

隨著網路更加普及，後來也發生過好幾次這種事。無論在Mixi寫日記，或在推特發布推文，他們在網路上的樣貌，未必和我在現實裡知道的一樣。

後來，我就完全不驚訝了。

因為人本來就有各種面貌——這個道理，在網路出現以前就有很多人知道，但如今事實眼睜睜地擺在眼前，衝擊絕對不小。以前完全沒機會知道，那個人在我和他沒接觸的地方究竟是什麼樣子？要是我在場，他又會擺出慣常面對我的那一面吧。

那麼，為什麼要把網路上的他，當作他「真正」的樣貌呢？這個問題的前提，果然還是在於「真正的自己／虛假的自己」這個模式。

所謂「虛假的自己」給人印象是配合別人，表面上扮演出來的樣子。因此我們會推測，在沒人的房間裡，獨自寫的部落格文章才是他真正的心聲，也就是真正的樣子吧。

相反地，也有朋友說部落格裡的他「是在扮演人設」，我們平常接觸的他才是「真正」的他，那個部落格只是配合網路調性寫的。

我覺得兩者都有道理，但這樣談論下去，硬要決定哪一個才是「真正」的他，我認為沒有意義。他部落格的文章，確實符合網路調性，但也有流露真情的部分。現實生活裡，他和我們相處時，也用我們的調性相處，並沒有一直在偽裝自己的感覺。

到頭來，兩者都是「真正」的吧？

現在的年輕人，在Google+或臉書會把朋友分組，將面對不同人的時候要露出自己的哪一面當成理所當然的事在操作。因此在網路上產生這種真實人格與網路人格的真偽之爭，看在這些年輕人眼裡可能覺得很蠢。但不可諱言的，儘管「個人」擁有各種面貌，像這樣初次展露時，我們的社會還是以各種負面的觀點看待，說是虛假的面貌或雙重人格。這種傾向至今仍然存在。

片面非本質

反過來說，我看到自己的事被寫在網路上，也有過不舒服的感受。

有一次，有位記者來採訪我寫的小說，訪談過程中，我興奮地聊起以前熱衷的重搖滾和重金屬。因為我十幾歲彈吉他時，非常沉迷於這類型音樂，國中時期，每個月一字不漏地細讀專業雜誌《BURRN!》。我在前面說過，國中時我在教室裡總感到孤獨，可是談起音樂我都非常開心。

那位記者可能對此印象深刻，事後在自己的部落格寫道：「平野啓一郎不是古典樂迷也不是爵士樂迷，其實他是個重金屬樂迷，一直在談重金屬音樂！」

他的寫法出自好意，可是坦白說，我看了有些反感。基本上，只要音樂我都喜歡，現在只會偶爾聽重金屬樂。而且我沒去過重金屬樂的現場演出，知識方面也停在九〇年代中期。

因此這句「其實他是個重金屬樂迷」，感覺像在說喜歡古典樂和爵士樂的我是個「虛假的樣貌」，讓我有種違和感。我最熟悉的音樂家，是被我拿來當小說主人翁的蕭邦，而我最情有獨鍾、最常聽的是邁爾斯．戴維斯（Miles Davis）。當時會與他大聊重金屬樂，是因為這是我們的**共通話題**。若是喜歡蕭邦的人，我會他和談蕭邦；碰到喜歡邁爾斯的人，一起聊邁爾斯也很開心。

他將我在他面前的我視為「真正」的我，如此定義我的本質，讓我感到狹隘。我有他不知道的許多面向。當然我在他面前談的事都是「真的」，但喜歡古典樂的我，和喜歡爵士樂的我，同樣也是真的。

類似的經驗還有這個——

有一次，我受邀去地方演講，講題是「ＩＴ與文學」。

我準備了很豐富的內容。演講日是平日白天，到了會場一看，全都是連電腦都沒摸過的老人家。

於是我摸索著從非常基礎的部分開始說，大家都點頭附和「原來如此，原來如此」，聽得非常認真。我只能照這種步調演講，無法進入預先設定的深度，但這也無可奈何。

後來報紙刊出了這場演講紀錄。有個年輕人看了這則報導，在部落格寫道：「平野居然去講ＩＴ，而且說的都是人盡皆知的事。」

不知道現場情況的人，看了這則報導會這麼想也無可厚非。

溝通是與他者的團隊合作，交談的內容、口氣與氣氛，都是在互動中定型的。為什麼呢？**因為成功的溝通是令人喜悅的**。

但就如前面舉出的事例，被擅自認為其中的一個自己是「真正的樣子」，我們會感到抗拒，所以會產生一種想法，認為那只是當下，僅限於那個場面的表面的自己；只是在扮演那種人設，戴上那種面具。「真正的自己」是喜歡各種音樂，對ＩＴ也非常了解。

我們會因為他人對我們的本質的設定，感到被矮化而不安。

「真正的自己」這種幻想所潛藏的問題

在此先把前面談的做個整理。

人有各種面貌——我們先同意這一點吧。**因對象而異，我們會自**

然地變成各種樣貌的自己，而且絲毫不會內疚。如果不管去哪裡都我行我素，擺出一副「我就是我」的態度，只會被討厭，無法和別人交流。

所以，人絕非獨一無二「（不可分割的）個人individual」，而是**多個「（可分割的）分人dividual」**。

如果人是始終如一、不可分割的存在，那就和擁有各種面貌這個事實矛盾。為了解除這個矛盾，只好認為自我（＝「真正的自己」）只有一個，其他只不過是表面上個別使用的人設、面具或偽裝人格，以此來做價值排序。

但是，這種想法是錯的。

理由一，若是這樣的話，我們都別想用「真正的自己」和任何人交流了，因為所有的人際關係都會變成人設對人設、面具對面具的爾虞我詐。**這是一種不當貶低別人與自己的錯覺**，也遠離實際的感受。

理由二，分人並非自己單方面決定要怎麼扮演，而是在與對方的**互動**中產生的。人設或面具這種比喻，說的不僅是表面，一旦自主決定了，會給人一種僵硬、不是在互動的印象。

實際上，我面對老家的祖母或朋友間的各種分人，都是在長期的交流中，交換喜怒哀樂各種反應後得到的結果，而且**在關係中仍會變化**。例如多年後再度重逢時，彼此的口氣和表情也會改變吧。如果每一個都以換了面具或面具改變了來看待，實在太牽強了。關於這一點，我會在第二章詳細說明。

理由三，和別人接觸時的各種分人是有實體的，但**「真正的自己」沒有實體**——是的，所以到頭來只是幻想。

無論對方是怎樣的人，我們無法只在和這個人的關係中就展現自己全部的可能性。例如國中時期的我，耽讀小說、憧憬於美、思考人的生死問題，這些都無法和同學分享，所以我才會曾認為應該有個「真正的自己」存在於某個地方。然而實際上，對小說產生共鳴的我，只不過是和作品世界互動而產生的另一個分人。這個我絕不是具有唯一價值的我；我在學校的面貌也不是以這個我扮演出來的。

所有的分人都是「真正的自己」。

我們之所以無法這麼想，是因為被獨一無二「真正的自己」這個幻想困住了，所以吃了很多苦，承受了很多壓力。儘管到處都找不到「真正的自己」這個實體，我們還是死心眼地想認識它，一直想把它找出來。

這就是**「我是誰？」**這個自我認同的大哉問。

「尊重個性」

在雜誌的占卜特輯或心靈成長書裡，經常看到「真正的自己」這句話，還有和它配套出現的「個性」。個性指的是，每一個「個人」的特徵性質。

我們總希望在自己身上找到和別人不同的個性，覺得不要被人左右，重視自己的個性是很重要的事。

可是卻總苦惱於不知道自己的個性是什麼。

個性，究竟是什麼呢？

一九八〇年代前半，文部科學省（當時的文部省）的中央教育審議會，明確將「尊重個性」列為重要目標。我是一九七五年出生的，就讀小學和國中時，教育現場不斷耳提面命要大家「發展個性」、「活得有個性」。

我所屬的團塊二代[1]，原本人數就很多，升學考試也相當競爭，所以社會上產生了想擺脱填鴨式規格化教育的想法，我認為意識到這個問題是正確的。可是一年到頭像唸經似的強調「個性」，聽了實在很煩。

況且那個年紀的小孩，就算被説「要活得有個性」也不知如何是好。畢竟大家都穿同樣的制服，從早到晚上的都是同樣的課。難道只要參加社團就有個性？迫於無奈只好在髮型下功夫，或是修改制服。但這麼做又被叫進教職員辦公室，説這是曲解個性一詞！

其實個性這種東西，每個人都有。世上沒有兩個完全相同的人。每個人對事情的看法、感受、思考方式都不盡相同。而且個性鮮明的人和社會的摩擦比較大，所以也活得比較痛苦。覺得自己和周遭格格不入的人，反而會羨慕平凡。

教育現場呼籲的「尊重個性」，到頭來只是意味著：**請將自己的個性與未來的職業連結起來**；找到自己想做的事，努力實現夢想；出了社會做自己想做的事，才是活得有個性。發揮自己的個性，就在那個時候……

話雖如此，弄清自己想做什麼事並不簡單。就算被唸年紀輕輕居然沒有夢想也沒目標，也是無可奈何。畢竟職業的多樣性是因應社會需求產生的，但世上有形形色色各種個性的人，社會並不會為了讓他們發揮自己的個性而創造出各種職業。例如郵局的設立，並不是因為有人擅長送信，而是因為社會有信件往來的需要，才設立郵局、招募人員來郵局工作。而且，**職業的多樣性與個性的多樣性相比是極為有限的，數量也相當有限**。

1 指一九七〇年代，第二次嬰兒潮出生的人。

容我再說一次，個性是每個人都有的，問題在於要和職業吻合。能夠明白自己的個性適合什麼職業當然不是問題，但也有一些人覺得自己的個性模糊，遲遲不知道究竟適合什麼職業。儘管很想工作，卻不知道該做什麼，感到很痛苦。我自己也曾有過這種時期。

我們有「選擇職業的自由」，但同時也有「**選擇職業的義務**」。因為我們的社會，為了因應需求而分化出各種機能，如果沒人來擔負這些工作，社會的運作就會出問題。農業或漁業的後繼者問題常被提出來討論，如果適合農業或漁業的人不來做這些工作，大家會很困擾。

這也說明了，社會很難認可不履行這義務的人的「個性」。因為作為社會分工的一環，這是沒有用的個性。

夏目漱石在非常著名的〈我的個人主義〉演講稿裡這麼說：

「我始終以半蹲的姿態工作，一心只想著有機會就要跳到我的本行去。可是這個本行若有似無，無論朝哪個方向，我都無法毅然決然飛奔而去。

我知道既然來到這世上就得做些什麼，可是做什麼好呢？我完全沒頭緒。我像是被鎖在迷霧中的孤獨之人，呆立不動。」

這是學生時期的我，非常有共鳴的一段。

自我認同危機

儘管如此，有些人還是會找到想做的工作。但我大學畢業一九九八、九九年之際，原本大學生畢業生就很多，還碰到泡沫經濟後的不景氣，根本是就職的超級冰河期。想要藉由職業來自我實現，在社會上充分發揮自己的個性活下去，卻找不到自己理想職業的人相繼出現。這種情況現在也很常見。

思考自我認同時，社會屬性具有重大意義。因為這意味著，自己的個性對社會有貢獻，得到社會的認同。

但在社會上找不到容身之處，卻只有「活得有個性」這個題目殘留在心裡，這種情況很痛苦。如果認為「職業＝個性」，做著心不甘情不願的工作時會產生抗拒，覺得做這種工作不是「真正的自己」，所以才會暫時找個打工，聊以度日，夢想著有一天能找到發揮「真正的自己」的「個性」的工作。

前面提到的漱石演講，後面有一段是這樣：

「啊！這裡有我應該前進的道路！終於闖出了道路！當你由衷這樣吶喊時，你的心才會安定下來吧。」

無論什麼時代，每個人在成長過程中都會碰到自我認同的動搖。

從來沒有問過「我是誰？」就長大的人，恐怕不存在吧。而且這個問題若得不到解決，可能會很痛苦。回顧以往，我那對未來充滿迷惘的大學時代，也是陰暗到難以言喻。

漱石說的沒錯，若找到一份能發揮自己「個性」的工作，這種動搖某個程度就能平息下來。

還有另一種方法排解對工作的不滿，就是藉由消費來確認自我認同。例如自己開什麼車，穿什麼名牌服飾，住多麼講究的房子，藉以肯定自己。

然而經濟狀態的惡化，壓迫到這兩種可能性。近代以降，自我認同危機成為普遍現象，但這同時也是訊息過度刺激的時代。

今天的網路活動，不同於上述的方式，對於安定我們的自我認同做出了貢獻。但在網路活動仍處於摸索狀態的二〇〇〇年前後，在雜誌專題之類刊物的專題，隨便就能看到「真正的自己」這個關鍵字。

繭居族與探索自我之旅

在這種情況下，我們這個世代最常見出現兩種現象。一種是「繭居族」，一種是「探索自我之旅」。

「繭居族」顧名思義就是長期待在家裡，斷絕一切人際關係。但繭居族也有很多生活型態，有的待在父母家，有的外出也頂多去附近超商，也有人靠網路與別人交流等等。而「探索自我之旅」最典型就是出國旅行，想藉由與陌生人的交流來尋找「真正的自己」。

兩者就像內向與外向的兩個向量，方向正好相反。但有個共通性，就是在這個日本社會找不到容身之處。

藺居族常遭批評，說他們只是要賴，缺乏社會性。而探索自我之旅，則被揶揄在作什麼怪夢：「你的自我明明就在這裡，到底要探索什麼？」

但就如我前面說的，我有切身之痛，明白為什麼會產生這種現象。正因自我認同不穩固，才更不想被「暫時的自己」擺布；正因模糊不清，才想追求確實的「真正的自己」。

藺居族和探索自我之旅是具有象徵性的現象，但這種願望卻宛如蠶絲勒著脖子，一點一點地折磨著年輕人。

人們總說要有夢想，要好好思考自己真正想做什麼，因此必須知道「真正的自己」是什麼。在社會上實現這個自己的是職業。朝著目標努力的人很了不起；沒有目標的人，是對人生不夠認真……

大學時期，我被問到最痛苦的問題是：「將來你想做什麼？」我由衷羨慕能毫不猶豫立即回答這個問題的人。

後來我當上小說家，多少消除了選擇職業的不安，但未必能平息自我認同上的動搖。

我越來越強烈地察覺到自己的多面性，就如前面提到音樂喜好的小插曲，我會對於別人限縮我的本質，萌生強烈的反感。我的寫作風格與文體也隨著每一部作品不斷變化，絕非只是「試試看」的表面嘗試，每一部都是強烈的必然性所激發而成的。

另一方面，我無論如何也難以否認，我是個和旁人有著不同感受與思考的個體。而這不正是我這個「個人」的自我、「個性」、核心的「真正的自己」嗎？我就是立足於**這個自己**來面對世界、與人接觸，不是嗎？因為**這個自己**和別人不同，我才會從小有那麼多苦惱，不是嗎？

這個問題也和創作有關。因為在小說裡描寫一個人物，應該就是在表現這個人的「本質」。

因此我決定透過寫小說，來思考我自己迫切的疑問。就某個意義來說，我像個「繭居」於創作職場，又圍繞著各種主題做「探索自我之旅」的人。

即使說根本沒有「真正的自己」……

事實上，直到我念大學時，後現代主義風潮還勉強持續著，人們談論主體性的解放，我執著的「真正的自己」在當時被視為反動，是一種生錯時代的煩惱。

姑且不論有多少人真正讀過這方面的書，當時有個通俗簡單的比喻，常被人們掛在嘴邊的一句話是：人不是桃子，而是洋蔥。桃子的中間有核桃，意味著人有一個確實的自我（＝「真正的自己」），是有主體的。但事實上，人卻像洋蔥一樣，因為偶然的社會關係性或屬性而層層剝落，到頭來什麼都不剩。也就是說，人根本沒有「真正的自己」。

但是當時是大學生的我，無論聽幾次這種道理，絲毫不覺受益，反而感到強烈的厭惡。那麼，實際這樣感受、這樣思考的我，究竟是什麼呢？何況未來的求職也是很切身的問題。

我非常喜愛森鷗外，他一定把「仕事」寫成「為事[2]」，亦即**並非「侍奉之事」，而是「所為之事」，簡單地說就是「做事」**。我非常欣賞這種想法。人的一生中會做各種事情，睡覺、起床、閱讀、看電影、約會都是在「做事」，**職業只是各種「做事」的其中一項**，卻無疑是一天二十四小時，到死為止的幾十年間，我們花最長時間在做的事。正因如此，若不做和自己本性吻合的事，勢必難以忍受。

變身願望

接下來這一節，我想談一談，我是如何透過寫小說思考這個問題。雖然只是摸索地前進，但我想可以依序和大家一起梳理問題。

我在處女作《日蝕》，藉由中世紀末期的歐洲異端審問，描寫神與人的關係，乃至人與「女巫」的關係。**人是「（不可分割）的個人」，這看法最初源於一神教**。唯有獨一無二的人，才能面對獨一無二的神。但另一方面，日常生活中也存在著人與人的關係。「女巫」指的是，被社會當作異質存在而企圖排除的人。

以近代搖籃期十九世紀中葉為時空背景的第三部作品《葬送》，則以浪漫主義藝術家蕭邦與德拉克洛瓦為主人翁，描寫他們在「神已

2「仕事」是工作之意，「為事」的日文發音與「仕事」相同，也是工作的一種寫法。

死」而動盪的現實社會中，如何試圖將「真正的自己」奉獻給藝術。雖然順序有些顛倒，但我的第二部作品《一月物語》描寫的就是「個人」這個新觀念進入到明治時代的青年苦惱。

我首次直接處理現代的自我認同問題，是在二〇〇三年發表的短篇小說〈最後的變身〉（收錄於《滴落時鐘的漣漪》）。

我把卡夫卡的知名小說《變形記》，當作藺居族的故事，讓主人翁重讀。通常我們讀卡夫卡的《變形記》，往往只把重點放在變形為蟲的駭人事件，其實那裡發生的是，主人翁因為難以理解的理由無法走出房間，由家人照顧的狀況。

如果職業是一個人實現「真正的自己」的唯一方法，那麼社會會如何看待沒有工作的人？自己又該如何審視這樣的自己？

職業確實在每個人曖昧模糊的「個性」上，賦予了一種顯而易見的樣貌。社會也透過這個樣貌來認識這個人。儘管如此，覺得職業和「真正的自己」不吻合的人，社會要如何理解他們呢？會看成是一張虛假的臉嗎？

《最後的變身》的繭居主人翁，讀了卡夫卡的《變形記》如此思索：卡夫卡白天在勞工職災保險局工作，但這張面具底下，隱藏著更為曖昧模糊的「真正的自己」。社會把面具底下的東西想像得很噁心，所以才用「蟲」來比喻吧？突然無法去上班，失去社會屬性的自己，不正是類似薩姆沙的處境嗎？

於是主人翁開始回顧自己的過往，以前在學校總是活潑開朗，但也總有一種違和感，覺得那不是「真正的自己」。如今他無須再迎合別人，在孤獨的房間裡，痛苦地想辨識出「真正的自己」。他逐一否定「所有人際關係中的自己都只是表面的演技」，但不管再怎麼思索都不知道「真正的自己」究竟是什麼……

無論我怎麼寫，都無法給這個小說一個充滿希望的結局。一度徹底深思「真正的自己／虛假的自己」這個模式後，我終於切身地感受到，這個觀念本身行不通。

比匿名更嚴重的匿顏

接下來我思索和網路有關的「真正的自己」，在二〇〇六年寫了《沒有臉的裸體們》[3]這部小說。

有一次，我在網路上看到一張非常怪異的照片。場景是某個小學的校園裡，天氣晴朗的大白天，孩子們在上體育課。那裡站著一個女人，而且居然全裸，只有臉部用馬賽克遮起來。

就體態來看，她大約三十多歲，頭髮烏黑，散發著一般人的氣息。

我瞠目結舌看著這幅超現實的光景。網路寬頻化後，圖片和影片都能輕易上傳，只要搜尋一下，就能看到很多上傳自己或戀人裸照的瘋狂網站。

照片形形色色，從文靜乖巧到激情狂放的都有，但臉部都謹慎地隱藏起來。我看著這些照片陷入沉思：照片裡的人會感到**難為情**吧？

就一般想像而言，一定會難為情。這些上傳的照片，每一張都顯示留言和閱覽人次，有些照片甚至幾萬人看過。我們任何人若被要求全裸站在客滿的東京巨蛋舞台上，都會難為情吧！

可是這些照片遮住了臉部，根本不知道照片裡的人是誰。網路的匿名特性經常引發討論。因為匿名的關係，再怎麼狠毒的話都敢寫。

3　台譯為《馬克賽下的裸露》。

因為不知道是誰寫的，所以不會傷害到留言者的信譽。以此類推，只要把臉部遮起來，無論多麼難為情的事也能不在乎嗎？

我把這件事跟別人說，結果又聽到一件發生在廁所裡的怪事。那是一間沒有門的廁所，取而代之放了面具，如果有人要上廁所，戴上面具即可。如廁者當然會被看到，可是看不到他的臉，所以無法確定是誰在上廁所，只能看到「排泄」這個人類共通的行為。即使你在上廁所被朋友看到，朋友也不確定是你。事後在走廊碰到，朋友也不會認為剛才如廁的人是你。這樣會萌生難為情的情緒嗎？還是不會？

很遺憾，我已經忘記這件事出自何處。不確定是否真有這樣的廁所，或是哪位藝術家創作的作品。但其實，從衣著來辨識一個人是可能的，我認為這是很有趣的構思。

人有各種面貌——這是本書一再重複的一句話。但事實上，反過來說就是，**儘管人有各種人格，但臉只有一張。**

上電視一本正經談文學的我，和在酒吧跟朋友喝到醉醺醺的我，兩種形象相差懸殊，但人們依然可以認出「那是平野啓一郎」，因為「臉」是一樣的。要是把「臉」遮掩起來，或許就不會把這兩種人格連結在一起。

實際上，通緝犯最在意的就是「臉」。混在街上的人群中，他們不會因為姓名而被發現。不管怎樣更改姓名，偽造經歷，只要「臉」還是同一張就會被人發現。

駕照和護照的證件照，也是以臉部照片作為驗證。二〇一一年夏天發生的倫敦暴動，甚至有民間團體以臉書照片搜尋被電視拍到的臉，鎖定了參與暴動的人。

所有的人格，最後都是統合在一張臉上。反過來說，只要能隱藏這張臉，我們的各種人格，或許就能各自安處於內心。在網路上傳裸照的人，可說是這種理論的激進實踐者。

他們希望更多人來看自己的裸體，但絕不希望熟悉自己的公司主管或家人，同時認出他們的臉。

日本最早以這個主題當文學題材創作的是安部公房，寫了《他人的臉》與《箱男》。在這類型作品中，性的問題佔了重要位置。

網路與現實之間

還有另一點讓我感興趣的是，包括前述最初看到的照片，這些上傳自己裸照的女性，大多看起來都是極為「普通」的人。從服裝或房間的感覺來看，也沒有格外奇特之處。就算她們住在附近，我也完全不會注意到。

《沒有臉的裸體們》，這部小說描述的是在交友網站認識的男女，熱衷於將「沒有臉的裸照」上傳網路的故事。我把女主角設定為鄉下地方不起眼但認真放學的國中老師；就形象來說，就像福樓拜《包法利夫人》裡賢淑的醫生太太，最後因婚外情而走向毀滅。不同的是，我把她交往的對象設定為平庸卻有特殊性慾的男人。

起初她認為，在交友網站認識的男人面前的自己，和上傳照片的自己，都不是「真正的自己」，只是「虛假的自己」，都是演出來的。在現實生活裡，她只和寥寥可數的人保持平淡交情，在網路上卻受到幾萬個男人熱烈追捧。這成為一種微妙的平衡，使她得以忍受無聊的現實生活。

後來她逐漸分不清哪一個才是「真正的自己」。

網路與現實的二分法，是對應人的內心與外表、表與裡、公與私、表面的面具與本性等等，這種思考模式一看就懂。至今要是有乖巧普通的學生犯罪時，仍有媒體在網路上找到這名學生留下的恐怖部落格便大肆喧嚷，說這是他的「真面目」，其實他是這種人，為何周遭的人都沒發現？

現實世界的自己是「真正的自己」，網路世界的自己是「虛假的自己」嗎？還是正好相反？在這部算是中篇小說《沒有臉的裸體們》裡，這種二分法相當有效。但寫完這本小說後，我也實際感受到，若情況變得更複雜，這個模式就難以應付了。因為在現實世界，人當然有各種人格，但網路世界也絕非扁平單調，隨著場域不同也會有各種人格，而且必須有各種人格。

也就是說，**在現實與網路之間，畫上一條真實與虛擬的界線，這是錯的**。臉書實施實名制，使得兩者連成一個世界，這種認知在日本也逐漸擴散開來。但我關心的是，有些時候被分得更細的狀況。

就是想活下去才割腕

我想以不同於過去的角度，重新探索自我認同的問題，因此寫了一篇小說〈《在費康》〉（收錄於《你不在，你》）。

我在前面提過，我的世代有很多「繭居族」和「探索自我之旅」的現象，還有一個我一直很在意的現象，就是以割腕為主的自殘行為。繭居族以男性居多，與此相較，割腕則大多為單身女性。

自殘行為，通常被認為是企圖自殺或自殺未遂。但若自殺意圖明確，可選擇跳樓這種絕對不會失敗的方法。可是割腕之類的行為，若真的企圖自殺，也是成功可能性很低的方法。自殘行為的複雜之處在於不是真的想死，只是做出**像要自殺**的行為。

我自己沒有實際嘗試過傷害自己的身體。但在十多歲時，我有一種自殘的幻想癖，時常在想自殘究竟是怎麼回事，因此也寫過一篇名為〈Les Petites Passions〉（收錄於《滴落時鐘的漣漪》）的作品，由五篇散文詩風格的極短篇構成，內容描寫了少年幻想遭串刺、被切碎的場面，這就是以我本身的自殘幻想為原創寫的。

起初，我認為這是一種自我懲罰的情感。為了否定並矯正自己心中邪惡的部分，那心中的某種東西——稱為超自我，或理性，或單純稱為正義感也無妨——可能需要這種伴隨痛苦的「懲罰」想像。

但有這種幻想，倒不是做了什麼壞事，而是做了難為情的事，回想當時的情況才產生的幻想。想從記憶中消除當時的自己，但不是想傷害或殺死自己，感覺想從自我認同中抹掉這個自己；只是觀念性的消除起不了作用，必須感受到強烈的痛苦，才能實際覺得不該有的自己被否定了，而產生了一種療癒的感受。

於是我開始思考，我讀文學作品時，對主人翁的煩惱和死亡產生共鳴，是不是和我這種奇特的癖好有關？尤其十九世紀的經典，很多主人翁最後都死了。這並非作者任性的必然，讀者應該也需要這樣的結局。他們對主人翁萌生移情作用，覺得主人翁代替自己受苦死去，他們才能在現實世界活下去。再往前追溯，這和基督教徒透過「被釘在十字架的神，飲血，與『犧牲』的神祕合體」（尼采）感到真切的贖罪感，根本上是共通的吧。

在〈《在費康》〉這篇私小說風格的作品裡，我是這樣思考的。**自殘行為，並非想殺死自己這個人，只是想殺死「自我意象（self-image）」**，所以才沒選擇真的會死的方法。不，或許可以反過來說，因為現在的自己活得很痛苦，於是想否定這個意象，獲得不同的自我意象。也就是說，自殘行為呈現的不是想死的願望，而是**想活下去的願望**。

如果不想要「這個自己」，想成為「另一個自己」，就必須有好幾個自己存在。自殘行為，可說是一種自我認同的整理吧？

倘若「真正的自己」只有一個，那麼否定自我意象，就等同否定自己這個人。後來我寫《請填滿空白》這部小說時，決定將這個主題與日本自殺問題合併起來，做更深入的思考。

走投無路的《決壞》

前面章節是我從各種主題的小說裡，抽出和自我認同相關的部分，做了一些整理。這樣解說，或許有人會覺得我是從理論模式出發來構思小說，但實情恰好相反。

寫小說雖然有假設的前提，但我總是邊寫邊質疑，換其他的方法思考，摸索自己能接受的結局。

《決壞》是以罪惡與殺人為主題的小說，但就自我認同的問題而言，算是我一路思索下來的總整理。

主人翁是溝通能力很強的人，他不像〈最後的變身〉的主人翁痛苦地探求「真正的自己」，深感這只是一種幻想，才被這種空虛感困住。最後查出他那根本不存在的「真正的自己」並非他本人，而是把他當作分屍案嫌犯偵訊的刑警，以及報導的媒體。

就如前面提過《日蝕》圍繞著神與人之間的自我認同一樣，獵巫（異端審問）也是這部小說的主題。

近代以降，針對殺人強盜等具體行為會提起公訴，嫌犯必須辯白自己是否做了這些行為。但中世紀的獵巫，是基於「那個人好像是女巫」的傳言，對那個人的存在本身提起公訴。被懷疑的人必須賭上自己的全部，證明「我不是這樣的人」，而非「我沒有做這種事」。換句話說，必須證明「真正的自己」無罪。

但現代的搜查或偵訊，也很詭異地出現懷疑這種存在的要素。例如最近出現的檢調醜聞，甚至捏造具體行為，使其具有合理性，企圖針對嫌犯的存在這一點提起公訴。

我以悲劇收尾《決壞》，終於走到完全放棄「真正的自己」這種想法的地步。我收到許多讀者的感想，其中一則如此寫道：

「我讀了《決壞》很感動。可是不知道該怎麼活下去才好。」

於是我開始思索新的理念，來取代以往看待自我認同的觀念。《曙光號》這部小說處理的就是這個命題。下一章我會談到以此為中心的概念，亦即相對於個人的「分人」單位。

最後總結這一章，我想再度重申：

一個人並非「不可分individual」的存在，而多個「可分dividual」的存在。因此獨一無二「真正的自己」、始終如一「原本的自己」，根本不存在。

那麼，「我」究竟是怎麼樣的存在呢？

第二章　何謂分人

折磨我們的矛盾

如今我們已習以為常「個人individual」這個觀念。但在明治時代引進日本的各種觀念中，起初人們是最不懂的就是「個人individual」這個觀念。與其說因為日本的近代化較晚，其實真正的原因是，這個觀念的發想本身是**西洋文化的獨特產物**。這個問題相當複雜，詳細內容我放在書末的「補記」，在此我希望各位先緊扣兩件事。

首先，基督教是一神教信仰。「任何人都不能侍奉兩個主」，這是耶穌的教誨。人不能有好幾個面貌，必須始終以唯一「真正的自己」信仰唯一的神。因此原本只有「不可分」之意的「individual」，進而產生「個人」這個含義。

其次是**理則學**。請各位在腦海裡想像桌子和椅子。它們可以分別是桌子和椅子，但桌子就是桌子，不能再分下去；椅子就是椅子，不能再分下去。也就是說，這個不能再分下去的最小單位就是「個體」，這是喜愛分析的西洋人的基本思考方式。

動物這個範疇，可以再細分為哺乳類、人類、人種、男女，乃至於一個人一個人，可是到這裡就不能再分下去了，一個具有肉體存在的就是「個體」，作為「個體」的人就是「個人」。世上有國家、有都市、有某某路幾號的家庭、有父母、有孩子……無法再細分下去的就是你這個「個人」。

反過來說，將一個個的個人綑成一束，然後才有組織，才有社會。這種思考方式，日本人究竟能適應多少呢？

若把「個人」這個觀念，放在一個巨大存在的對立面，粗略地掌握兩者的關係時，確實是有意義的。例如社會與個人，國家與國民，公司與一名員工，全班與一名學生。

但若細膩地看我們日常的人際關係，這種「不可分」、始終如一「真正的自己」的觀念，實在過於粗糙死板，背離我們的實際感受。

姑且不論有無信仰，我們日常生活面對的並非唯一的神，而是各種各樣的人。

不管在腦海裡如何抽象地描繪社會與個人的關係，我們從早到晚在現實裡接觸的人，例如公司的主管或同事，戀人或超商店員，都是具體存在的各種各樣的人。尤其到了網路時代，人與人的交流早就超越狹隘的同質性共同體，轉而頻繁地和背景各異的人們交流，把這些人籠統地概括為「社會」根本毫無意義。

我們希望別人尊重我們的個性，相對也必須尊重別人的個性。讓我不厭其煩地再說一次，無論對方是誰，硬要把「因為這才是原本的我，真正的我！」強行灌輸在別人身上，只會惹人厭。我們面對別人時，會很自然地找出與對方個性相合之處，產生可以和對方交流的人格，這樣的人格會自然展現。這是不爭的事實。為什麼會這樣呢？因為互動順利的話，我們會感受到單純的喜悅。

這些複數人格會彼此吐露心聲，感動於對方的言行，或陷入沉思，做出改變人生的決定。也就是說，這些複數人格都是「真正的自己」。

儘管如此，例如選舉的投票（一人一票），或教室裡的座號（這真的是「不可分」的整數），我們的生活裡依然存在著被當成一個「個人」看待的情況。因此有別於日常生活的複數人格，我們總會覺得自己的中心部位應該有個「自我」。又或者認為，到頭來那些複數人格只是表面的「面具」或扮演的「人設」，背後的深處其實有個「真正的自己」。

這種矛盾，使我們苦惱煩憂。

何謂分人

既然如此，那該怎麼辦呢？

人生諮詢的節目裡，我們經常聽到「捨棄自我」或「要無私」諸如此類的建議。可是就算聽了這種開悟似的建議，我們仍不知道該怎麼活下去。自己這個人就存在於此。這個「我」究竟會變成怎樣？如果要我們無慾，是不是只好出家？

我們活在世上，需要立足點。試著把這個立足點，放入**人際關係中確實存在的複數人格**看看，結果會發現，這個中心沒有「自我」或「真正的自己」，只有人格們連結而成的網絡。

於是我將向來認為不可分的「個人」分開，思索更小的單位，因此在本書置入**「分人」（dividual）**這個創新的詞彙，意味著**「可分」**之意。

不過否定了自我之後，光靠這樣的複數人格，要怎麼活下去呢？這質疑很合理。那麼接下來，我們就依序仔細檢視要怎麼做才行。

首先，我想請各位掌握一個意象。

一個人擁有多個分人。例如與父母相處時的分人，與戀人相處時的分人，與摯友相處時的分人，在職場上的分人……你這個人，就是這些分人的集合體。

將個人當成整數1，那麼分人就是分數。人際關係的數量因人而異，因此分母也各不相同。最重要的是，分子也會隨著自己和對方的關係改變。

如果對方是關係深厚的人，這個分人比例就比較大；關係疏淺的人，分人比例就比較小。所有的分人加起來等於1。請大家先有這個概念。

在分人的網絡裡，沒有中心這種東西。為什麼呢？因為分人並非自己任意生出來的人格，而是在環境或人際關係中形成的。就如我們生存的世界裡，沒有唯一、絕對的場所，分人也是每個人都有自己獨特的構成比例。而分人的切換，並非中心的司令塔有意識地操控，而是看對象而定自動切換。當我們在街上巧遇朋友，喊出「嗨！」時，已經無意識切換成和這個朋友相處時的分人，而非「真正的自己」慌忙刻意地戴上「面具」或扮演「人設」。感情表現要控制到這麼全面細微，是不可能的。

然而，以分人為基礎來思考自己，和只是「捨棄自我」，兩者究竟有何不同？

我們既然活著，就**必須不斷和特定的人有所接觸**。所以不可能每次和某個人見面都出現嶄新的自己。難道有人去上班時，每天從自我介紹開始，重新和同事建立關係？這也未免太扯了。

早晨太陽升起，傍晚夕陽西下。我們活在這種反覆的循環中，也和身旁的人**進行反覆的交流**。

所謂人格，就是經由這種反覆的狀態所形成的一種模式。

面對這個人的時候，用這種態度，用這種方式說話，溝通就會成功，自己心中也會隨之湧起各種喜怒哀樂的情緒。見面的次數越多，分人的精純度就越高。還有親密度越高，這個模式就擁有對應更複雜溝通的廣度。接觸的人數越多，具備的分人也就越多，人就是這樣。

此外，對象不限於現實生活裡的人，只在網路上有所交流的人也無妨，或是自己很喜歡的文學、音樂、繪畫都可以。甚至面對寵物貓狗，為了溝通我們都會擁有面對寵物的分人。

下一節我想談分人是如何產生的。

第一階段：社會性分人

分人是和特定對象反覆交流而形成的。

過程大致可分三個階段。

首先，任何人際關係都是從不熟悉對方開始。

初次見面的人，我們通常會簡單地自我介紹，然後聊一些無傷大雅的事，例如天氣，例如運動賽事結果，或是媒體報導的事件，演藝圈八卦等等，以大多數人都關心的話題為宜。在這個交談過程中，彼此會開始摸索如何與對方相處，尋找分人化的方向。

這個最初階段的分人，是「和不特定的多數人交流，通用性較高的分人」，我們姑且稱之為「社會性分人」。

社會性分人，是我們在日常生活許多場面的未分化狀態。

比方說，和不認識的住戶共搭大樓的電梯時，我們會稍稍打個招呼，看情況或許會簡單聊個兩句。

「今天天氣真熱啊。」

「就是啊，熱得讓人受不了。」

這樣的交談幾乎沒有內容，只是為了交流而交流。這種時候，無論對方是什麼人，我們通常視為同一個人。這就是社會普遍能接受的分人。

日常生活裡的交流，有相當多時候是藉由這種社會性分人成立的。在超商或餐廳的收銀台結帳時，我們無須特別揣想店員的個性，要如何與他交流，彼此都以社會性分人相處無礙。儘管超商店員的待客用語，常被批評過於機械化，但這種時候日本還是傾向抗拒逐一的個別分人化。

客人來超商只要能買到飯糰或烏龍茶就已足夠，不會要求超商店員像有十幾年交情的商店街魚販那樣，把客人當作老顧客來對待交談。若對方追求超出超商店員待客行為的分人化，日本人會覺得這個人很怪。

社會性分人的地域差異

社會性分人，因每個人出生成長的國家或地區而異。也就是說，社會性分人並非完全無色透明的非分化狀態，而是**在懂事之前，我們就已經擁有的適應環境生存的分人**。

例如在日本土生土長的人，或是在非洲內戰地區成長的人，兩者對人事物的觀點與感受，有著根本性的不同。為了做生意而待在中國的日本人，必須理解中國人普遍的思維方式。因此所謂「入境隨俗」也可以這樣解釋，要先從這塊土地的社會性分人開始，後來的個別分人化才得以順利發展。

當然也有人無法適應日本的社會性分人，待在日本感到孤獨，去了海外生活，忽然變得如魚得水，生氣勃勃。例如剛才舉的超商店員例子，即使經常見面也很熟了，日本人通常還是希望停留在社會性分人的階段，但或許也有人不以為然。

當然，同樣在日本出生長大，東京和大阪和九州的情況又不盡相同。

我是在北九州長大的，上了大學搬去京都住，深深感受到適應關西這片土地需要花點時間。我沒有必要成為關西人，也無法成為關西人，但為了融入這個圈子，我必須配合關西人的步調或風氣。

九州也一樣，九州人極為普通的交談，看在外地人的眼裡簡直像在吵架。

相反地，東京是個聚集很多外地人的大都會，沒有染上特定的地域色彩，需要的是更寬廣且一般化的社會性分人，但也因此缺乏人情味，給人冷漠的印象。

以社會性分人交流的適用範圍很廣。例如在超商買東西、搭乘大眾交通工具等，日常生活有很多領域用這種分人便已足夠。

社會性分人的交流確實比較粗淺，但若沒有這個，交流就很難深入到下一個階段。打個比方來說，社會性分人就像幹細胞，肩負著分化為各種組織細胞的功能。

我們與人交流時，如果跳過社會性分人這個階段，突然就全面敞開自己說了起來，對方會感到困惑、不知如何是好。因為分人化要在互動中才得以產生，若單方面的氣勢壓制到對方，會讓人覺得好像非得配合你不可。

當然也有人一拍即合，見面的當下就能建立起宛如多年摯友的關係，但這種例子應該很少。

社會性分人，從「普遍適用」這個角度來看，也可稱為**普通人**。但這未必是平凡之意，而是**已經做好準備要朝更具體的分人前進的狀態**。

第二階段：以團體為對象的分人

社會性分人的下一個階段是，**面對特定團體（族群）的分人**。

在一對一的情境裡，社會性分人也許能快速邁向針對這類對象的分人，但無法一蹴可幾的情況也很多。人際關係通常是藉由組織或集團擴展開來，這時就需要有面對學校、公司或社團等團體的分人。

這種情況下的團體，不單只是隸屬於公司或學校這種公共的團體，例如在澀谷的年輕女孩用辣妹語交談，或是在社群網站「2ch」的匿名留言板以獨特的用語議論，也屬於團體對象的分人。

我的職業是作家，平常要接觸很多編輯。對於第一次合作的編輯，初見面時我會以社會性分人待之。

到了討論工作上的具體事項時，我會以「面對一般編輯的分人」接觸。這不是我有意識地切換，而是事後回顧起來，我發現面對編輯通常都是同樣的態度。面對其他職業的人，或朋友家人時，我並不是這樣。

這個分人是過去與許多編輯反覆接觸所培養起來的，而編輯也有他們一般面對作家時的分人吧。

就如學校有校風，公司有公司的風氣，每一行都有其獨特的習性。長年在同個領域活動的人，會沾染這個領域的習性，無論服裝穿著、言談舉止或閒聊的內容，都具備了共通習性。把社會性分人放到更為狹窄的範疇裡，就是以團體為對象的分人。

第三階段：特定對象的分人

經過「社會性分人」和「團體對象分人」，最後產生的就是**「特定對象的分人」**。

並非所有的關係都會走到這個階段。能否走到這個階段，要看運氣，也要看性情。

以我來說，通常都以面對一般編輯的分人工作，彼此的關係也大多以這個分人就能掌握。尤其邀稿或交稿都用電子郵件，沒機會見面的話，彼此也就沒必要再分人化下去。

但若是寫長篇連載，總會需要交換意見，進而也會了解彼此的思考習性或節奏，就會產生更為具體的分人，交流的深度也會增加。

當然，面對截然不同領域的對象也可能發生這樣的事。

以前，我曾和一位法國知名糕點師對談。起初我們摸索著以社會性分人寒暄，後來進展到同為創作者的團體對象分人時，因為談起彼此都深感興趣的谷崎潤一郎《陰翳禮讚》，一口氣就進展到特定對象的分人了。也就是所謂「志同道合」的狀態。時間大約三十分鐘。

像這樣的面對面交談，能從社會性分人進展到特定對象分人，有短時間就能成功的例子，也有遲遲無法達成的。

比方說，有些人不管見過幾次面，都只談最小限度的必要公事，無法踏進更一步的關係裡（也完全不想踏入）。這種人無意對我發展分人，我自己也沒這個意思，這就是**分人化失敗**。

實際上，很多關係都只到社會性分人或團體對象分人就結束了。

我念大學的時候，有兩年的時間幾乎每天都去宿舍附近的超商。在那裡經常看到一位打工的店員，是個年紀和我相仿的大學生，我沒跟他好好交談過，後來就搬走了。如果我們是透過別人介紹在聚會認識，說不定產生以彼此為對象的分人。

相反地，我住巴黎的時候，也常去公寓附近阿拉伯人經營的小餐館，每次去我們都會聊上幾句，一年後我要回國時，他依依不捨跟我道別。雖然後來我和他之間產生的分人也沒再持續下去。

就像這樣，社會性分人是否會進一步進展成特定對象的分人，未必和交往的時間長短成比例。

八面玲瓏為何令人不爽

很多人際關係，我們覺得以社會性分人或團體對象分人來相處就好，但對於我們抱有好感或敬意的人，總希望對方肯定我們的個性，並進一步和我們交往。比方說老師與學生的關係。

《3年B班金八老師》這齣校園電視劇裡，主角金八老師是個「好老師」，面對每一個學生總能柔軟地分人化。

例如面對叛逆的學生，金八老師會展現相當善於溝通的分人。面對優等生，又以不同的分人對待，因而深得學生信賴。

另一方面也有「壞老師」，不管面對哪個學生，都只擺出教師這個職業的分人來對待，並強調這種態度理所當然，也就是停留在學生這個團體對象的分人。然而所謂平等地面對學生，並非以同一副面孔對待，而是要平等地尊重每個學生的個性，以分人化待之。

當然，這裡的分人化也是基於兩人的互動；不是老師單方面配合學生，而是雙方都必須真心展現誠摯的人格，透過不斷地交流摸索才能達成。

如果我們發現尊敬的人，肯定我們的人格，我們會很高興。如果他對待我們的方式又和別人不同，我們甚至會很感動。

機器人與人類最大的差異就在於，機器人（目前）無法分人化。倘若出現能判別對象而改變性格的機器人，我們一定會覺得他們更接近人類吧。

我在前言稍微提過，經常有人質疑「分人」這種想法，說到頭來就是「鼓勵大家當八面玲瓏的人」吧？其實**恰好相反**。

為什麼我們不喜歡八面玲瓏的人？譬如在宴會上，有個人才剛對你說了很多好聽話，接著逮到別人又同樣地那串好聽話搬出來說一遍。我們看了會很不爽，心裡嘀咕：「搞什麼嘛，原來那傢伙是八面玲瓏的人啊。」可是，如果只是剛才和我們講話的人，跑去跟別人講話而已，我們不會為了這種事惱怒。甚至搞不好很佩服，他居然能跟那麼偏激的人聊天。這兩者的差異是什麼？

八面玲瓏的人，不是善於分人化的人，而是不管面對誰都不真心

以對，只想以吹捧恭維的態度搞定對方，完全不想依對象分人化。儘管他分化出宴會這種場合的分人，卻無視於每個人的個性。我們被一概而論地對待，才會在心裡嘀咕：「原來他不只對我這樣，對每個人都是這種態度！」因而不相信八面玲瓏的人。

分人化，是在和對方的互動中自然產生的現象。因此**和由衷討厭的人互動，有時自己也會變成自己討厭的人**，甚至可能變成「人見人厭」的人。

一廂情願行不通

每個人都有自己的分人化步調。若沒弄清楚這一點，分人化會失敗。

例如A和B在一起，A立刻分出面對B的分人，但B不見得能立即產生面對A的分人。這麼一來，A對B會感到焦躁，B會覺得A很煩。

比方說，你是個高中生，喜歡班上一個女生。你面對她的態度，已經和面對別人完全不同。但她仍然是以面對同班同學的分人（團體對象的分人）來對待你。就算之後你和她或許會發展成戀人關係，但步調未必相同。

有些人生性開朗活潑，對誰都不太怎麼花時間就能產生分人，但也有人搞不清對方在想什麼，遲遲不知道到底該如何分人化。但是後者，也就是需要花比較多時間才能分人化的人，意外地能長久交往。

分人，如果遭對方強迫生成，可能會變成扭曲的形態。或者出現拒絕分人化的反應。一廂情願是行不通的。

有一次我在聚餐上，深切感到受這種事。

那時有六人圍桌而坐，其中有個男人，明明是第一次見面突然滔滔不絕說了四十分鐘！我不會說他是誰，反正就是某個領域的專家。那是我不熟悉的世界，起初我興致盎然地傾聽。我很喜歡說話，也喜歡聽別人說有趣的事。

但他完全沒有給其他五人插嘴的機會，就這樣一直上演獨角戲，逐漸讓人厭煩了起來，內容也幾乎變成自吹自擂。

我終於受不了，開始跟對面的人聊天。剩下的時間，我完全不跟那個獨角戲男說話，只跟對面的人交談。後來坐我旁邊的人，還有再旁邊的人，都加入我們的話題。大家（除了那個獨角戲男）的感受都一樣。

這種挫折感究竟是怎麼回事？

餐會是從各自的社會性分人開始。由於餐廳有點高級，大家都展現出適合這種場面的分人。倘若是在更嘈雜的餐館聚餐，我可能也不會展現那樣的自己吧。

我們透過和與會者的交流，會出現各自的分人。但如果只是對方單方面說個不停，我們就都被迫當聽眾了。

你有話想說，我也有話想說，要用什麼樣的方式表達，什麼樣的步調，大家才能和樂融融地交談？如果還在摸索階段，就突然端出強行壓制對方的氣勢，當然會引起強烈的排斥反應。

當我們面對一個人，會出現怎樣的分人呢？儘管受到對方的影響，自己也要有意願，否則會難以接受。如果擺出「我就是這樣的人」的姿態，硬要別人接受，這是暴力。

我對這個獨角戲男厭煩到了極點。可是聽他高談闊論時，自己不知不覺產生的分人，令我更厭煩。當我意識到這一點，便決定扔掉我因他而產生的分人，轉而和對面的人聊天，享受另外這個分人。至今我和對面這個人依然是好朋友，至於獨角戲男就沒再見面了。

常聽人說，碰到單方面喋喋不休的人很痛苦。這究竟是怎麼回事？我用分人的概念說明。

認為交流很痛苦的人，往往把原因歸咎於自己的口條不佳，難以吸引對方。其實不妨試著以彼此分人化失敗的觀點來思考。

為了能有**愉快的分人化**，彼此都必須清楚對方是怎麼樣的人。可是不擅長交流的人，可能在社會性分人的入口處就不太適應，然後又過於在意要發揮自己的個性，以至於用任性的步調進行分人化。這樣對方也會武裝起來，表達抗拒之意。

比方說有人擁有比較專門的知識，卻像剛才那個獨角戲男自顧自地喋喋不休，被迫當聽眾的人就會受不了。在彼此的分人化還未成形的階段，就性急地想發揮個性，當然不會順利被對方接受。

重要的是，**雙方都先要有柔軟的社會性分人**。

如果一個人像乾掉的黏土，擺出「我就是我」的僵硬態度，無法對眼前的對象生出新的分人，我們就會很難跟他親近。相反地，如果我們的態度強硬，對方也很難接近。想要關係變親密，雙方都要為對方著想，在不勉強的情況下產生客製化的分人。

分人的數量與大小

分人是藉由上述過程，一個個培養起來的。當然這只是一種模式，實際情況因人而異，例如也有人會跳過團體對象的分人。

我們小時候，只有面對父母兄弟姊妹的分人，隨著年紀漸長，交友層面越廣，分人的數量也會增加。結果我們就成了**各式各樣的分人集合體**。

如果我們對任何人，都想當始終如一的自己，那我們就只能一味地和藹可親，當個沒個性、不礙事的人，其實就是八面玲瓏的人。但如果我們能勇於對每個人際關係好好分人化，我們就能**在僅此一次的人生裡，活出許多有態度而精彩的自己**。

那麼，一個人有多少個分人呢？

嚴格來說，我們對所有公私領域有往來的人，都持有分人。但對於手機通訊錄裡的聯絡人，沒有人會細密地分人化吧。以我的情況來說，只合作過一兩次的編輯，我幾乎都以同樣的人格對待。

畢竟我們一天只有二十四個小時，一年只有三百六十五天，交際範圍也只能在這有限的時間裡拓展。

在這同樣的條件下，分人的數量因人而異，且有很大的差別。**這可能取決於自己擁有多少分人的前提之下才是舒服愉快**。

以我的情況來說，我重視的不是有多少朋友，而是我的分人有幾個。此外若以應付得了的分人數量來看，我似乎不需要那麼多朋友。

經由工作認識、且超越工作範圍而熟悉起來的朋友，和這種人在一起時很快樂，所以他們在我心中是很重要的分人。但高中時期的朋友分人，覺得只要每隔幾年活絡一次即可，沒必要每天持續更新。**有多少能承擔的分人數量，實際交往的人數也會自然隨之調整。**能夠同時存在的分人數量，恐怕也有上限。

那麼，各個分人的比例大小又是以什麼來決定呢？

交流次數越頻繁，分人也越容易更新到最新狀態。對於維持長達數年良好關係者的分人，必然會在我們心中佔有很大的比例。此外，只見過一次面的人，當時所產生的分人也可能決定性地存留下來。

持續數年的分人（例如雙親或配偶的分人），或是在目前生活中，佔據一天二十四小時很多時間的分人（例如工作對象的分人），我們應該都能切實地感到，他們在心中佔有很大的比例。

當然，這些分人的比例大小並非不變，如果自己周遭的人際關係有所變化，這些比例大小也會隨之改變。

所謂個性，就是分人的構成比例

如此一來，設定了比個人更小的分人單位，對於個性的解讀可能也和以往不同。

因為和誰交往，如何往來，你心中的分人構成比例就會產生變化。這個總體就是你的個性。如果十年前的你和現在的你不同，原因就在於你交往的人不同了，你閱讀的書或居住場所不同了，因此你的分人構成比例也變了。例如十年前的戀人在當時佔據你心中很大的位置，如今這個分人可能因為分手而萎縮了，取而代之的是個性截然不同的戀人，這個分人會越來越大。這樣你自己的性格或個性應該也會有所改變。**個性，絕非與生俱來，也非一生不變。**

舉個例子來說。

有個小學就認識的朋友，上了國中變成小混混。前不久你和這個朋友感情還很好，不懂他為什麼變得粗暴起來。倒也不是你對他做了什麼壞事，他也沒有討厭和你交往，但就聊不起來。

若以「真正的自己／虛假的自己」這個模式來說，就會變成「他念小學的時候溫順老實，原來其實是本性這麼惡劣的人」。但一旦這麼想，他就太可憐了。實際上這種想法是錯的。

如果用分人模式來想會變成怎樣呢？

這個變成小混混的朋友，只是和小混混同伴在一起的分人膨脹了。因此排擠到他面對學校老師或同學的分人，陷入功能不全的狀態。就算他想發揮面對學校老師的分人，但到了老師面前，因為必須貫徹面對小混混同伴的分人，對應老師這個分人就被抑制了。

不管面對什麼人，他都用小混混同伴的分人對待，所以和班上同學難以順利溝通，結果遭到孤立，導致和小混混同伴相處的時間越來越多，這個分人也就越來越強，形成惡性循環。

以分人為立足點

想要掙脫這種惡性循環，只能**改變分人的構成比例**。說得具體一點，就是改變交友對象。因為所謂個性，就是分人的構成比例。

實際上，國中時期有點變壞，不是什麼大不了的事。問題在於，當事人**想改變交友對象**時，已經陷入困境。

十多年前，大平光代的《所以，你也要活下去》成為暢銷書時，我也瞠目結舌地讀完了。這本書描述的是她上半生充滿血淚的奮鬥史：國中時遭到霸凌，步入歧途，十六歲和黑道老大結婚，二十二歲離婚，去大阪的北新地當女公關，後來和父親的好友重逢，在其規勸下發誓重新做人，拚命讀書通過司法考試當上了律師。

人們常說，人與人的相遇會改變人生。也就是說自己擁有的分人中，哪個分人會變得最大很重要。大平光代和後來成為她養父的這位父親好友的分人變得最大，其他分人因而相對變小了。我想以這個觀點來說明她傳奇性的轉變。

分人模式裡，沒有「自我」或「真正的自己」這種中心，但**經常有的是佔了很大比例的分人**。這個分人在高中時期可能是社團老師，到了公司可能是主管。**我們會暫時性將重要分人當作中心，作為立足點，同時也會調整其他的分人構成**。

自己應該和誰花更多時間相處？應該以和誰在一起時的自己，當作現在的自己的基礎？

如果你想和有好感的人或尊敬的人順利交流相處，就會促使自己產生這樣的分人。這個分人，將成為改變你的突破口。

分人主義可以降低風險

基於「個人」這個單位所建立的思想稱為「個人主義」，那麼以「分人」為單位的思想，可以稱為**「分人主義」**吧。

這種思想的優勢在於，就如我們一路談下來的，**可以正面地看待變化**。

一直以來我們深信，人有核心個性，要敞開這個核心生活才是真誠的生存態度。總覺得要和一個人交往好幾年，才會知道那個人的本質，形成不可分割的個人對個人的關係模式。要是發現那個人居然以完全不同的面貌對待別人，自己就覺得遭到背叛，氣呼呼地嘀咕：原來那傢伙隱藏了那種性格?!原來那是那傢伙背後的面貌?!

但是，我們都不是神。即使是親密的人，我們也不可能知道他在各種場合與各種人交流時，所擁有的一切面貌。個人是「不可分」的，這種觀念來自基督教的神只有一個。為了面對一個全知全能的神，個人也必須只有一個。

但是，**人際關係形形色色**。要求一個人不能對自己有所隱瞞、拿出一切都給你看，就是一種傲慢。等同要對方把你當神。

我們能掌握的，只有對方面對我們時的分人。當這個分人顯現時，面對其他對象的分人都會隱藏起來。要求一個沒有分割、完整的個人出現在我們面前，是不可能的。我們必須把這觀念當作理所當然的事來接受。

會揶揄那些「高中出道」或「大學出道」的人，都深信自己認識的才是真正的他，對方應該不是這個樣子；覺得他一定是認為沒人知道過去的他，才會造假。但是，**環境一旦改變，分人的構成比例當然也會變**。也就是說，個性也會跟著變。大平光代當上律師後，以前黑道的熟人憑什麼說「這不是真正的她」？

不僅是數年累積的變化，日常生活裡的變化也該受到同樣的認可。如果我用分人化的現象來思考在巴黎語言學校的事情，同樣簡單易懂。

在學校遭霸凌的人，沒必要認為自己本質上注定要被霸凌。這徹頭徹尾是自己與霸凌者之間的人際關係問題。如果放學後和足球隊練足球的時候，或者回家和父母共度的時間覺得快樂，就**該以這個分人當立足點，來思考自己的生存之道**。

就如將重要的資產分散投資以降低風險，**我們也該將自己這個人，當作多個分人同時進行的項目**。即使討厭自己在學校的分人，若放學後的自己很快樂，就該以放學後的自己當作立足點。若有人認為這是多重人格，譴責其表裡不一，未免想得太表淺，他們不知道把在學校遭霸凌的自己延伸到放學後有多痛苦。**只要能區別**在學校的自己和放學後的自己**是不同的分人**，就會變得輕鬆許多。會發送訊息騷擾別人的人，通常是陰險之輩，因為他們企圖把我們僅少能享受與家人在一起的分人，硬跟在學校遭霸凌的分人扯在一起。

曾經遭受霸凌或虐待的人，若被灌輸「不可分的『真正的自己』」這種思想，即使想和別人結交新關係，也每次都會被拉回過去的慘痛經歷裡，擔心這個人會不會對自己施暴，懷疑自己果然是個不被愛的人。

其實，新認識的人和以前認識的人絕對不一樣。我們**和新認識的人在一起，會出現全新的分人化**。曾經遭受虐待或霸凌的自己，是過去面對那個欺凌你的分人，這一點也要有所區別，**千萬不可以因此把**

自己定義為本質上是不被愛的人。待新的分人在自己心中逐漸變大，有了自信之後，以此為立足點，再去面對過去的分人即可。

「人格只有一個」、「真正的自己只有一個」，這種想法會把人逼進毫無意義的痛苦深淵裡。

獨處時的我是誰？

人只要活著，就該認可自己具有多個分人。思考這些分人的構成比例，才是掌握自己的「個性」。前面我舉的霸凌或虐待的例子裡，即使在那種情況下，如果認為在學校遭霸凌的自己是「虛假的自己」，放學後舒心快活的自己才是「真正的自己」，這也是不對的。遭霸凌時的自己，並不是在演戲也沒戴上面具，因此也是不容否定的一個分人。但要如何看待這個逼不得已的扭曲分人，就要靠自己決定了。當然也可以**在自己的心中依價值排序**。

人的身體，確實是不可分的individual，但人的本身，是可分為多個分人的dividual。你是這個分人的集合體，因對象而異，擁有各式各樣的分人。苦惱於自我認同或溝通交流的人，請這樣梳理一下自己的情況。

然而，這樣思考當然會碰到一個問題。

那就是獨自在房間思考時的自己，究竟是誰？如果分人是在面對別人的時候產生的，那麼獨處時的自己就是「真正的自己」了吧？

我一直在思考這個問題。就結論來說，依然並非如此。

比方說，你在學校是個怪人，同學們疏遠你。回到家，獨自回想今天發生的事，覺得自己和別人不一樣，苦惱於自己是不是奇怪的人。可是附近剛好住著一個比你更奇怪的藝術家，你去跟他討論這件事。結果他鼓勵你：

「你在說什麼呀，人不奇怪就沒價值了。與眾不同才好。」

你回到房間獨處後，也覺得深獲勇氣，如此思考：「沒錯，與眾不同不是壞事。」

這時候，從學校回來的你，和從藝術家的家回來的你，是同一個你嗎？以我的理解來說，從學校回來的你，依然是學校的分人，苦惱於自己古怪的個性；但從藝術家的家回來的你，是以「面對藝術家的分人」，重新正面思考著自己的個性。

我們總認為一個人獨處時，存在的是始終如一的自己。但實際上，應該也是**各種分人交替地出現，進行各種思考**。即使獨處的時候，也不能捏造一個無色透明、沒被任何人影響的「真正的自己」。

我們常看到動漫裡的角色，腦海裡有天使和惡魔在戰鬥，或是召開腦內會議的場面，其實我們就像這樣藉由各種分人進行思考。

我並非孤零零的孤獨存在，總是存在於和別人的互動中，甚或可說**只存在於和別人的互動中**。

不需要別人的「真正的自己」這種想法，就像把人隔開的牢籠。因為如果相信有「真正的自己」，那麼為了活出「真正的自己」，最好切斷和別人的關係。但最後會像〈最後的變身〉的主人翁，嘗試之後深感「真正的自己」只是一種幻想。

我希望大家先明白這一點。

第三章　重新審視自己與別人

煩惱有一半是別人害的

採取分人這個單位之後，究竟會產生什麼變化呢？

我自己最確切感受到的變化是，對別人的看法不同了。

我是一個**分人集合體**，這些分人都是與別人相遇的產物，與別人交流互動的結果。如果沒有別人，我不會有這麼多分人，也就是說現在我這個人也不存在。一個人面對鏡子，不可能隨意冒出各種自己。因為**鏡中自己的反應，不會超出預期**。

分人中，**有正面的分人，也有負面的分人**。盡可能，我們希望只有正面的分人，但在現實人際關係中很難如願。再怎麼不情願也難以避免產生不愉快的分人。

把自己活得很討厭的時候，很容易陷入自我厭惡。為什麼跟那個人在一起，我的脾氣就變得這麼差？說出這麼狠毒的話？甚至只要出席那種場合，我就會突然膽小怯懦，想說的話都不敢說。

但既然分人是和別人互動所產生的人格，那麼負面的分人有一半就是別人害的。

這話聽起來像在卸責，但相反地，**我們能擁有正面的分人，也是別人的功勞**。如果能這麼想，就會對別人萌生感謝之情與謙虛之心。人們常說，人生在世無法獨自存活，這不僅意味著我們有時需要別人幫助，也意味著我們的人格有一半是託別人之福形成的。

這樣導入分人的觀點，我們就不會過度卑屈，也不至於過度傲慢，可以自我分析，同時也能自然而然承認別人的存在。

不帶雜質、純粹無垢的自己，是不存在的。

別人也是分人集合體

自己是和別人的關係所生成的分人集合體——有了這種自覺，接著就要明白，別人當然也是與各種人接觸所產生的分人集合體，這個認知很重要。

對方這個人和你接觸所產生的分人，是因為你而產生的。

如果對方因你而產生的分人是幸福的，你可以自信地認為自己也有一半的功勞；若對方看起來不幸，說不定有一半是你害的。看到以前的高中朋友，上了大學後快活到幾乎認不出來，若有時間在那邊朝諷：「這不是他的真面目！」何不想想為何他在高中會過成那樣？反省一下你們的相處方式。

就算對方令你討厭，也要將相處的問題放在「這是他對你的分人」來思考就好。

例如在職場上，你和A是好朋友，可是你對B很不爽。有一次，A跟你說：「其實B是個好人，跟他在一起很開心喔。」但討厭他的你總不能這麼回他：「開什麼玩笑！B根本是個卑鄙無恥的混蛋，要我跟那種人往來，我立刻辭職！」

我再三說過，個人主義是以個人為單位掌握對人的看法，**分人主義是以分人為單位掌握對人的看法**。這種時候，你要用對B的分人來說B的壞話也無所謂，但如果你能這麼說：「我跟他處不來，而且他在我前面做過那麼過分的事。」這樣對A也比較有參考價值吧！更遑論你並不知道，B和A在一起的時候，B展現的是怎樣的分人，所以也無從批判這個分人。

這不是抽象的理論。我們的交友關係，因為社群網站的出現，變得完全可視化。目睹自己喜歡的人和自己討厭的人親密互動，這種機會比以前多太多。如果每次看到這種情況就去嗆人家：「你要當我的朋友的話，就不要跟那種人來往！」回過頭來，可能會發現被孤立的是你自己。

當然，如果發現朋友和恐怖份子熟了起來，給朋友忠告也是一種友情的展現。若要以好惡來發表意見，就必須有這樣的考量：「我認為B是個很差勁的人，但他和A很合得來。」這也是基於「人是可分割」的發想，才可能出現的想法。因此如果你有分人思想，無論你對B有多不爽，你都不會去批判B和A建立了良好關係的那個分人是面具或是虛偽的面貌。因為B也是很多分人的集合體，這是他真正的面貌之一。

我也使用臉書和推特，時常看到我喜歡的人和我討厭的人親密互動的情況。剛開始我覺得刺眼，後來逐漸改變心態，畢竟沒有人是全方位都被討厭的吧？於是我重新思考，我討厭的人為何對我表現出那種態度？後來也比較能理解他的另一面。但若要因此而喜歡他，這又是另一個問題了……

我們選擇和誰要親密往來，是個人的自由。我最多影響到的，**只有對方面對我時的分人**。當然這個對方面對我時的分人，如果是以和別人的分人來找我商量，我也會盡可能幫忙，但對於其他的交際範圍，應該慎言，避免口無遮攔。

溝通交流以簡潔為要

說話的時候，當然要顧及對方會如何理解。

譬如當下的氛圍、彼此的立場、議題的風向等等。我想大家都有這種經驗，因為各種緣故，儘管當下表示贊同，內心其實難以釋懷。但是，如果是以「不可分的個人」看待，就會被歸類於「接受這種想法的人」。

另一方面，假設對方過於天真，不管你說什麼他都相信的狀況下，你說話時也會感到不安，不禁會擔心要是對這個人的人生造成這麼大的影響，這樣真的好嗎？那就像是看著自己說出來的話，直接銘刻在這個人的自我上，令自己不知所措。

語言，具有剝奪對方人生自由的暴力性。說話的人若過於在意這種暴力性，每句話就會說得有所保留，以免對方當真，但這樣的溝通交流會淪於無謂的繁瑣，不知該相信什麼才好。

假設有個人說：「幹嘛去念什麼大學，大學太無聊了！」當下的氣氛使然聽起來有道理，有人就這樣天真地相信而沒去念大學，後來無以維生，就去找說這句話的人算帳。可是說話者就算感到愧疚或想照顧他的生活，終究也不會理他吧？於是對他說：「我確實說過這句話，可是下判斷的人是你，你要自己負責。」但從此之後，他不再說偏激的言論，或是就算要說也會事先迴避責任聲明「請不要當真」。

但我還是認為**溝通交流要盡量簡潔**。最理想的情況是，彼此都不繞圈子，直言不諱。

語言的暴力性這個論點，若以「不可分的個人」前提來思考，就很難消除。因為每一句話都會直接影響對方的所有人格。

若以分人單位來思考，**你訴說的對象就只是對方心中「以為你對象的分人」。但另一方面，你說的話也暴露在對方「其他各種分人」面前。**你和對方的關係中，就算你帶有惡意要對方相信什麼，但對方心中的其他朋友或父母的分人，也會斟酌你說的內容。

「剛才和那個人在一起時，覺得他說的很有道理，可是和父母談過之後，覺得那想法還是怪怪的。」

想騙人的人，本以為是一對一，自認可以輕易攻佔對方的心。但若想到自己說的話，其實已公開於對方多個分人面前，而且可以從不同的角度解讀，可能就會有所躊躇了。

相反地，當你帶著善意想表達什麼，對方也可能不以「不可分的個人」來判斷，而是透過**「面對別人的分人」**這個角度來思考。

在這個前提下，我們不用煩憂自己說的話會限縮對方的本質，可以盡情說出我們當時的感受與想法。

倘若你說的話最終改變了對方的人生，那也是對方以各種分人改變角度來探討，最終同意的結果。不然應該想成，只有面對你的那個分人，因為你的話語而受影響了。

由於分人是比個人更小的單位，乍看之下交流也更複雜。但實際上，**個人這個概念過於粗略籠統，交流時需要更細膩的顧慮，反而更為複雜。**

重要的是分人的均衡

人與人之間，一定有對不對盤的狀況，世上沒有人能夠和任何人都處得來。例如方才我也說了不少我討厭的人。

當然，討厭的人不要跟他見面就好，偏偏很多情況是行不通的。例如職場的主管，客戶窗口的負責人等等，日常生活中免不了有不對盤的人。

我有個朋友，長期受到公司主管的職權騷擾。據他所言，顯然是那個主管不對，但因為是小公司，很難用人事解決。目前他還算健康，但每次見到他都很擔心。

因此我跟他說了分人思想，建議他把公司主管的分人，和妻子或朋友的分人，分開來看待。雖然和主管之間產生了不幸的分人，但自己的自我認同——也就是思考自己的個性時，不要讓這個分人佔太大的比例，要重視和妻子或朋友在一起時的分人。要是認為自己是「不可分割的個人」，就會以在那個公司的狀態來跟別人接觸，這樣是不行的。況且這樣也會不快樂吧。

當然，問題不可能藉由這樣的分析就一口氣解決，可是置入分人這個視野，可以重新審視現狀。我還有另一個朋友也和他一樣，苦惱於職場的人際關係，後來因為人事異動，離開了討厭的主管，這個分人就不再發揮作用，現在精神狀態好到簡直像變了一個人。

最近我聽到一種「新型態憂鬱症」的案例，說是因為身體狀況很差，持續向公司請假，結果同事和主管去探望他時，他本人卻活蹦亂跳和朋友去喝酒了。

這在以前一定會被單純認為是在裝病。當事人對收入感到不安，不想被公司開除只好裝病請假，反正不管怎樣就是不想上班。可是一旦朋友找他出去，他就突然好像痊癒了，精神百倍。

我不是精神科醫生也不是心理諮商師，但聽到這件事，我想的是，以前以個人為單位看待的憂鬱症，現在以分人為單位發生了。

背負著不幸的分人的時候，會萌生一種想重開機的願望。這時我們必須意識到，**我們小心翼翼地想要消除、想要停止活下去的，只是多個分人中的一個不幸的分人**。若誤以為想要消除的是個人本身、想結束這個生命，會導致無法挽回的後果。這個道理，我在〈《在費康》〉這篇小說裡，以「自己」和「自我形象」的不同做了一些整理。

此外我在長篇小說《請填滿空白》也再度提及這個主題。分人一旦生成，就不是那麼容易排除。但若斬斷關係，這個分人就不再更新，一天下來這個分人的存在時間也會遞減。如此一來，**相對於其他分人，這個分人的比重應該也會逐漸下降**。

重要的是，**要經常檢視自己所有分人的均衡比**。我們心中隨時都存在著許多分人，如果有一個分人狀況不佳，只要以其他的分人當立足點即可。「這個不行就換那個」也無所謂。等過了一段時間，當我們有了餘裕，再來思考該如何處理這個狀況不佳的分人即可。

也有人認為人生是高風險高收益，孤注一擲地以一個人格活著就好。如果是能夠順利這樣生存的人當然沒問題，因為他運氣好，任他自然發展。但我們今天得正視社會的複雜，這不是靠好運就能克服。至少我們看到有人苦惱，給出的建議應該不會是「祝你好運」。

以分人進行可視化

就如前面說的，置入分人這個單位之後，能夠有效整理以往因為**個人這個單位太大而無法處理的問題**。

為了確認這個實用性，我們以分人的觀點，來看第一章我提到的親身體驗。

我在第一章提到新舊朋友同桌時感到的困惑，那究竟是這麼回事，現在大家都懂了吧。我面對高中朋友的分人和大學朋友的分人同時出現，情況變得有些複雜。如果他們也明白分人這個概念，對於我在高中和大學各有不同的人格，應該就不會有任何疑問，對於人格的切換也不會認為是什麼奇怪的現象。

回顧這件事，我又想起了另一件事。

我念小學的時候，母親來學校參觀運動會，我完全不以為意。可是到了國中，我突然感到厭惡。不只有我，同學們幾乎都說起討厭父母來。

我不想被同學看到我和母親說話的樣子；同學們拚命在騎馬打仗時，更不想讓他們的父母看到。

那時我只認為，因為到了青春期會想擺脫父母，但現在我覺得，這個問題著眼於分人來思考比較好理解。這是討厭把對父母的分人，和對朋友的分人混在一起。就算極力想對朋友分人化，但被父母看到總覺得礙事，而且回家後也不想被父母說「我今天看到你在家不曾有的表情喔」。所以並不是到了青春期就莫名地討厭起父母。

這也可以用來解釋，我在巴黎語言學校產生的「陰鬱的我」和放學後「快活的我」這兩個分人。我並非刻意選擇哪一個人設，而是有兩個分人存在；語言學校班上的分人，以及和日本朋友在一起的分人，都是「真正的我」。

分人生成的過程是無法刻意控制的。不管我在語言學校怎麼努力，就是沒辦法像放學後的我那麼快活。

分人一定是和別人互動而產生的。我現在仍然認為，我在語言學校的陰鬱分人，有一半是那些陰沉的瑞士人害的（！）。他們絕非壞人，如果我們在別的地方，以別的形式認識，彼此就都會有更不一樣的分人吧。

我換班後就變得神采奕奕。同一所語言學校，只是一起上課的人不同，就能有這麼大的變化。改變環境是很單純的事，但有時能發揮特效藥的功用。

「探索自我之旅」，照字面來看會覺得很傻，但其實這或許是分人化機制中的敏銳直覺在發揮作用。因為以分人主義來說，這趟旅行的**目的在於，透過新環境、新旅行來創造新的分人**。現在自己的分人陣容有所欠缺，沒有真正充實的分人，因此對這些分人總體形成的自己的個性不滿意……

實際上，處於海外生活的分人的確有些會意外地發現自己的存在感，好比在當地擔任協調統籌職務的人。這種時候所產生的理想構成比例分人（＝自己找到的），是值得祝福的。

封閉的環境是痛苦來源

蘮居族有切斷人際關係，消滅「想消除的分人」的一面。我後面會提到，實際上「出家」是一種為了抹消社會性分人，只以宗教性分人活下去的必要手段。

然而一旦蘮居了就不會認識新的人，失去更新現有分人的機會，只能活在過去的分人裡，越來越難「改變」。

置身在封閉的環境裡，誰都會覺得痛苦。這種感覺大家都知道，而我在《決壞》之後發表的近未來長篇小說《曙光號》，就試著更深入探索箇中原因。

《曙光號》以二〇三〇年代的載人登陸火星探測為主題。我在採訪中得知，人類往返一趟火星，需要兩年半到三年的時間。於是首先就懷疑：這真的可能辦到嗎？

當時NASA計畫要送六名太空人上去。長達兩年半的時間裡，他們將毫無隱私，被封閉在狹小太空船或火星基地裡。這和航海不同，就算透不過氣也無法去外面呼吸一下新鮮空氣。要是發生什麼不測，幾乎只能等死。即使全都是性情相合的人在一起，那種壓力也形同拷問。此行最大的不確定性，其實並非太空船的技術，而是組員們的精神狀態。

為什麼這種封閉環境對人很殘酷？我的推測是，因為組員們被剝奪了多樣分人化的機會。

我們在日常生活中，**因為擁有很多分人，精神才得以維持平衡**。即使在公司的分人情況不佳，只要和家人的分人情況良好，壓力就會減輕許多。相反的，無論多麼疼愛小孩，每天待在家裡陪小孩（＝只有小孩的分人），也會想出外透透氣，和朋友吃頓飯吧。想理解專職家庭主婦的育兒疲累，就要關懷她們的分人構成比例。

載人火星探測的太空人們，長達兩年半的時間，一直處於只有職場分人的狀態。他們真的必須維持著只有一個面貌的「個人」。另一方面，那個時代的地球上，人們越來越活躍於透過人際網絡交流，分人化也越來越細緻。這種對比，我覺得很有意思。

二〇一〇年，智利的礦坑發生崩塌事件，三十三名礦工被困在礦坑內，好幾個月才被救出來。但這段期間，困在礦坑內的礦工得以用電話和家人說話，不僅只有工作夥伴的分人，也擁有了和家人的分人，大大減輕了他們的壓力。如果沒有對外聯絡的管道，礦坑內說不定會發生相當悽慘的事。

人會在僅有一次的人生裡，盡可能想活出各式各樣的自己。透過人際關係，享受各種變化的自己。**若老是被同樣的自己監禁，會產生很大的壓力。**對於小說或電影的主人翁產生共鳴，或是扮演動漫裡的角色，這種「變身願望」可以當作虛構世界的分人化願望來理解。

企圖抑制分人化的力量

那麼，企圖把我們統合成只有一個自我、只有一個「個人」的力量的會是什麼呢？

譬如專制的政治權力，比起不可分割的個人，可分割的分人集合體當然更難統治。納粹的德國或史達林體制下的蘇聯，要求的是對國家宣誓忠誠的個人，祕密警察隨時在**監視人們的分人化**。請各位回想一下這個事實，「個人」是不可分割的觀點，原本是基於基督教的一神論。二次大戰這種總體戰，突然動員人民時，要是一個人內心的家人分人或沉迷女色的分人，比效忠國家的分人來得大，就麻煩了。

分人化也可藉由閱讀獲得，因此歷史上基於宗教理由或政治理由，也發生過焚書或禁書事件好幾次。

而在現代社會中，企圖將一個人擁有的許多分人統合成「個人」

的，最值得注目的例子是設置在全國各地的監視器網絡。

我在《曙光號》裡描述了「散影」這種網路服務。這是一種將設置在全國的監視器即時影像化的功能，任誰都可以利用這臉部辨識來找人。比方說，擁有我臉部照片的人，可以從龐大的監視器紀錄中，找出有拍到我的畫面。

就如前述《沒有臉的裸體們》也提到的，**無論我們有幾個分人，但臉只有一張**。因此只要著眼於這張臉，就可以把分散的分人統合起來。這項技術，實際上已應用在犯罪搜查上。不久之前，奧姆真理教的逃犯被相繼舉報，那並非警方分頭從各地的監視器畫面找出來的，而是利用臉部辨識系統搜尋出來的。結果連已經不是以奧姆真理教信徒的分人在生活、而以別的分人在生活的逃犯也紛紛落網。

《曙光號》的世界裡，還有一種與「散影」同時盛行的技術叫做「可塑整形」。現在的整形手術，只是將一張臉變成另一張臉（更美更帥氣的臉），但這種「可塑整形」是將特殊物質植入臉部，讓一個人能擁有好幾張臉（每個分人的臉）。

使用「散影」的並非國家權力，而是一般民眾，因為人們想知道自己認識的人擁有什麼樣的分人。另一方面，人們也有不希望別人知道的分人。

這種關係恐怕是你追我跑般的來回反覆吧。**若放任不管，人會在每一種人際關係中產生不同的分人。但是它的反作用力，也試圖將分人統合成「個人」這個整數單位。**現實中，我們都往返於這兩個模式吧。

分人化的抑制，不見得都是被強迫進行。

比方說，信基督教進了修道院，信佛教而出家，都是為了斬斷社會關係，除了面對上帝的分人或修行佛法的分人，其他分人都處分掉。

進入女子修道院的妙齡女子，若在外面偷交了男朋友，男朋友的分人當然會膨脹，進而壓迫到上帝的分人，所以必須斷絕對外關係。出家的佛教徒懷念過去與家人或戀人的關係，這種煩惱也顯示出，家人或戀人的分人在自己心中難以抹滅。

另外，斯德哥爾摩症候群這種不可思議的現象，或許也能以分人的觀點來理解。

遭銀行搶匪襲擊、被當成人質的人，照理說痛恨厭惡犯人，希望能早點獲救。可是和犯人長時間相處，不知為何對犯人產生了同理心，進而開始協助犯人。這是基於真實事件，被稱為斯德哥爾摩症候群的精神狀態。這種情況可以這樣看，在封閉的環境中，面對犯人的分人急遽膨脹，壓迫到對家人或朋友的日常分人。此外也會有這種情況：警察為了攻堅而不斷說服著，但因人質沒有分化出對警察的分人，所以不相信警察說的話。無論如何，這可說是在極其特殊的情況下，產生的一種扭曲分人。

分人主義的育兒論

一個人是各種分人的集合體，這種觀念在面對小孩的成長也很重要。

一個人的成長過程中，交流機會最多的基本上是父母，或相當於父母角色的人。

出生後，最先產生分人的對象是父母。但在懂事以前，亦即有變換人設或戴面具這種意識以前，就會開始對不同的人展現不同人格。被母親抱在懷裡，是個乖巧安靜的孩子；到了不熟悉的保母手中，就連續哭好幾個小時。若用心理學名詞「人格面具」來解釋這種現象，會顯得很荒謬。父母畢竟是父母，來托兒所接小孩，看到小孩露出和面對保育員截然不同的笑容，當然會很高興。不會有父母看到這一幕竟然認為「我的小孩變成雙重人格了！」或「天啊！連這麼小的小孩都有表裡不一的樣子。」，不會有人這麼負面思考吧。

人在長大之前，**是以父母的分人為基礎拓展人際關係**，因此父母的比重必然很大。人們常說「孩子是父母的鏡子」，這也可解釋成小孩是父母的分人。幼時曾遭父母虐待的人，這個分人會跟著他一輩子。

接續在父母之後，會有兄弟姊妹、親戚和鄰居的分人，然後上了托兒所、幼兒園和小學，也會形成朋友和老師的分人。若小孩上幼兒園後，說出不曉得在哪裡學到的髒話，這證明他和朋友間的分人也正常生成了。

考慮小孩的成長環境時，最終必須思考的是，**對這個孩子來說，怎樣的分人構成比例較為理想**。周圍都是教養良好、得天獨厚的人，未必是一件好事，因為社會畢竟是由更複雜的各種人構成的。

此外，例如在網路上也有讚揚希特勒的網站，若天真地染上這種思想的分人持續膨脹，而壓迫到其他分人，事情就很嚴重。實際上，歐美發生亂槍掃射事件時，經常指出是受到這種網站的影響。

無論如何，分人都是會發生的。對父母是一種面貌，在學校對老師是另一種面貌，對朋友又是另一種面貌，以前人們經常以否定的態度，來批評這些各種不同的面貌。可是用對待朋友的態度來跟老師說話，又會被臭罵一頓，這簡直莫名其妙。

其實小孩在父母面前、在老師面前，和在小朋友之間展現的不同面貌，**是小孩面對不同的人時，摸索如何交流所產生的結果**——這千萬不要加以否定。

如果因為這種事責備，小孩又會被迫去探索毫無意義的「真正的自己」，進而認為現實的人際關係都是虛假表面的東西，加以輕視。

喜歡上自己的方法

比起喜歡別人，最難的說不定是喜歡自己。因為太了解自己了。若非相當程度自戀的人，一般人很難全面肯定自己。

我的小說裡，第一次讓分人這個概念登場的是《曙光號》，但在《曙光號》之前的《決壞》已經接近核心了。《決壞》的主人翁不相信有「真正的自己」，而備受空虛感折磨。他說：

「自己或是世界——人如果有愛其中一個的念頭就能活下去。可是我對這兩者，在那時都已失去了愛。」

即使痛恨這世界，對社會絕望透頂，只要喜歡自己就能活下去。相反地，就算無法喜歡自己，只要覺得這個世界有趣，或許也能活下去。但問題在於兩者都無法忍受。

儘管有人呼籲：否定自己的人，請先愛自己、珍惜自己。可是這種話有什麼意義呢？討厭是一種不講理的情緒，難道叫他喜歡自己，他應一聲好，問題就能解決嗎？

請不要再籠統地把自己當成一個整體來思考，試著用分人單位想想看吧。

如果你討厭自己，不妨試著逐一檢視自己的分人。

「跟A見面的時候，我很快活，而且能自然說出有趣的笑話，感覺還不錯。」

「和B在一起的時候，我都很認真嚴肅，但這樣也有一種充實感。」

「和C在一起的時候，我總覺得緊張拘束，差強人意。」

「和D在一起……」

人通常不會說喜歡自己的全部。但可能會出乎意料地說，**喜歡和某人在一起時的自己**。相反地，也會有討厭和某人在一起時的自己。

如果有一兩個喜歡的分人，就能以此為立足點活下去。

這個對象不是還活著的人也無所謂。例如我不討厭讀波特萊爾的詩，或森鷗外小說時的自己。讀這兩位作家的作品，可以讓我更深入思考人生，在美麗文字的引導下，感受到自己和更廣闊的世界有了連結。**這就是肯定自己的入口。**

分人是藉由和別人的互動產生的。自戀讓人不舒服，是因為自戀完全不需要別人，只會一味地自我陶醉。這樣周遭的人就會覺得，好啊，隨便你。但喜歡「自己和某人在一起時」的分人，這種想法一定要透過別人才會產生。**為了愛自己，別人的存在是不可或缺的，這種反證才是分人主義實現自我肯定最重要的一點。**

每個人擁有的分人數量是有限的。就算在學校感到孤獨，也沒必要討好全班同學。你要認為你**只有**三**個朋友**？還是認為你有三**個喜歡的分人**？就看你自己怎麼想。相反地，如果你有十幾二十個朋友，要把這麼多朋友都做最適當的分人化，是很累人的大工程吧。

如果喜歡的分人慢慢變多，我們也就能逐漸肯定自己。縱使有想否定自己的部分，也不會產生以自殺來消滅整體的自己的想法。

第四章　愛・死

戀愛是「戀與愛」

我們透過分人為單位思索了自己，也思索了別人。那麼用來思索兩人的「戀愛」時又是什麼狀況呢？

戀愛的定義因人而異，看法各有不同。但通常基本的概念是，我愛對方、對方也愛我，感情是雙向的。若是單向，就成了「單戀」。這樣的理解當然沒錯，但我想指出的是，上一章最後也清楚說明了，另一個箭頭的動向。

為了釐清頭緒，我們先從**戀愛分為「戀」與「愛」**開始。

「戀」是一時燃起的，無論如何都想和對方在一起，激昂而強烈的感情。它趨使人們展開行動，脫離常軌，但沒有持續性。以歐洲的概念來說，就是柏拉圖提到的「性愛」（eros）。

「愛」則是重視關係持續性的概念。沒有激情的亢奮感，但有日常持續的穩固連結感。相對於柏拉圖的「性愛」，亞里斯多德仔細解說的「友愛」（philia）可以對應「愛」的概念。

雖然我們總把「戀和愛」合在一起說成「戀愛」，但「戀」的局勢和「愛」的局勢是截然不同的。

通常，**戀愛是始於戀，再深入愛**，以動物的行為來說就是「求偶」。但就價值而言，很難說哪一個比較重要。一心一意熱「戀」的人，會希望和對方永遠過著「愛」的日子，但兩人的關係一旦進入安定持續的「愛」，時而又會想體驗激烈高昂的「戀」。**人的戀愛情感就像翹翹板，有一邊高起來，就有一邊會低下去，如此持續反覆。**

所謂「戀愛小說」描寫的絕大多數是「戀」。彼此懷抱「戀心」的男女，因為種種阻礙而遲遲無法結合，這種故事從《羅密歐與茱麗葉》到今天的電視劇不知反覆上演了多少遍。因為故事裡的角色容易衝昏頭而展開行動，而且如果把結局設定為兩人結合後的「愛」的狀態，這樣的情節比較容易發展。

另一方面，若是描寫「愛」，故事通常以日常持續的關係為核心，所以很難有高潮起伏的情節，也很難描寫激情場面。比較容易了解的是，通常有極其特殊的事情持續著，或是看清「愛」已結束或崩壞的結局。

例如達斯汀．霍夫曼年輕時主演的電影《畢業生》，「戀」結束了，「愛」開始了，兩人會變成怎樣？以這一幕令人掛心的戲落幕。

和「個人」這個詞一樣，「戀愛」也是翻譯自明治時期從歐洲傳道來的「love」這個新概念，起初很難理解。很多文章都指出，當時的日本人很難理解「個人」與「個人」相愛的戀愛形式是人生大事。

我在《一月物語》描寫了一位主人翁，在「社會」與「個人」對立的思想下，參加了自由民權運動，但最終挫敗，轉而透過「戀愛」（love）尋求這種自我認同以得到救贖，賭上了滿腔熱情。這是我從明治時期的浪漫主義詩人北村透谷得到的靈感。北村透谷將「戀愛」提高到「思想」層次，給同時代的人帶來印象深刻的震撼。

但這個題目過大，本書無法詳談。我推薦有興趣的人去讀谷崎潤一郎的〈戀愛與色情〉，這是一篇短短的，但非常有趣的散文。

三島和谷崎的「戀」與「愛」

日本近代文學史上，比起「愛」更堅決重視「戀」的是三島由紀夫。他的《豐饒之海》第一卷《春雪》無疑是個悲戀故事。他在〈愛國心〉這篇散文說得很清楚：「『愛』這個字不是日文，可能從基督教來的。日文原有的『戀』已足夠，能夠表達日本人情緒最佳的字詞是『戀』，而不是『愛』。」

三島對「戀」與「愛」的區別，和我的定義有些許不同。他認為「愛」是觀念性的，是博愛主義「無限定無條件」的東西。這是因為他說「愛」的時候，腦海裡有著意味基督教的神之愛的念頭。相對地，將「戀」看成情緒性的，「只能在限定性、個別性、具體性中才能發現的理想與普遍的特殊情感」。一言以蔽之，三島認為「戀」是「偏愛」的。

三島說的「戀」，其實是明治時期日本人好不容易才理解的西洋近代的「戀愛」。但無論如何，他以感情激烈起伏來區分「戀」與「愛」，這一點和我的定義吻合。三島在《英靈之聲》這部小說裡頻頻提到，二二六事件的將校們對天皇抱持的情感不是「愛」，而是「激烈的戀」，這一點倒是令人印象深刻。

另一方面，谷崎潤一郎是少有的、相較於「戀」反倒更重視「愛」的作家。

即使讀《痴人之愛》這樣的作品，主人翁和奈緒美開始交好時，亦即相當於「戀」的部分，也只是輕描淡寫。而後來持續發展的關係，亦即關於「愛」，則寫得鉅細靡遺。而且讓這段關係持續下去的是「性慾」，甚至是有些特殊癖好的性慾。

谷崎的看法，就如我前面推薦的〈戀愛與色情〉所寫的，他認為男女之間的「戀」幾乎都是「色慾」，換言之就是性慾，「愛」則是在這個延長線上。但我說的「戀」，毋寧是《戀母記》或《少將滋幹之母》之類的作品裡對於母性的「戀」。

可是後來，可能谷崎在私生活上和妻子的關係，加上他本身的年紀之故，才讓他認為能維持男女關係的只有「性慾」。《痴人之愛》出版數年後，他寫的《食蓼蟲》和《卍》，描寫的都是在性生活不協調，儘管妻子有外遇，依然維持夫妻關係的男女。這未必是三島說的觀念性的愛。

這兩位作家的天性來看，特別顯著的是這種對「戀愛」的看法。

愛要怎樣才能維持下去？

我自己重新思考「戀愛」的問題，是寫《只有形式的愛》的時候。這部小說以「戀愛」為主題，描寫因車禍失去一條腿的女演員，和受託為她製作義肢的設計師的故事。主要的情節是設計師想為她製作比失去的腿「更美的義肢」，在發想這個義肢型態的過程中，摸索兩人之間的愛的形式。

《曙光號》的最尾聲，我碰觸了分人主義與戀愛的問題，當時就想到下一部作品要以這個主題深入挖掘。重新思考「愛戀」與「戀愛小說」是我的課題。

喜歡上一個人，這就是戀愛。當你突然開始在意身邊的某個人，可能會想：「這是戀愛嗎？」但不會想：「這是愛嗎？」這是處於「夢想若能相愛該有多好」的階段。

「Fall in love」譯成日文通常是「恋に落ちる」，不會譯成「愛に落ちる」。**只要有邂逅「戀」就絕非難事，是不可避免的。**「戀」是自己無法控制、擅自萌生的一種情感，就算對方是不可以喜歡上的人，結果還是喜歡上了。

但若進入要維繫關係的階段，就沒這麼簡單了。

雜誌上的戀愛諮詢專欄，經常提出的解決辦法是：延長「戀」的狀態，藉由保持新鮮感來維繫關係。因此要好好保養自己，防止自己劣化，不停地表現出自己有多愛對方。戀人或妻子剪了頭髮，要說「妳變漂亮了喔（你變帥了喔）」，不可以忘記紀念日，就算害羞也要常說「我愛你喔」等等之類的……

這些作為都在說，只要自己多愛對方，對方也會多愛我。也就是說，雙方的付出若能達到平衡是最理想的，當然其中有不求回報的「無償之愛」，或自我犧牲的愛。但無論如何，箭頭的方向都是從自己到對方，然後從對方再回到自己。

我認為這想法在「戀」的階段會很開心，但若讓這種關係持續好幾年，可能會漸漸覺得難受吧。

「愛」，通常不限於「戀愛」，還有親子之愛、手足之愛、師生之愛，家鄉之愛……各種形式的愛。這種感情的性質都不同於短期間燃起的「戀」，而是期待持續性的。

無論任何形式的愛，我們和所愛之人一起度過的時光都是愉快的。更進一步說，只要在一起，不管對方狀態如何，我們自己都感到愉快；心情安穩，彷如夢境般地放鬆，內心充滿寧靜的喜悅。也就是說，**所謂持續的關係，並非彼此付出的報酬，而是多虧有對方的存**

在，自己才有這種特別愉悅的心情吧。

分人主義的戀愛觀

我們先來整理一下重點。

一直以來，我們談到戀愛觀，通常指的是一對一的個人，互相戀慕進而相愛。但以分人的觀點來看，會出現以下的想法：

「愛」指的是「我喜歡和那個人在一起時的自己的分人」的狀態。

換言之就是上一章最後談到的，**經由別人產生的自我肯定的狀態**。

為什麼我們會希望和某人長時間在一起，卻不太想見另一個人？是因為喜歡對方，或討厭對方嗎？這都有可能。但實情是，**我們喜歡或討厭跟那個人在一起時的自己（＝分人），這個因素比較大**。

假設你是男生，身邊有兩個女生，我們以A女B女稱之。你和A女聊天時，她的反應普通，說的話也不怎麼有趣，而且只要稍微不留神，氣氛就沉寂下來，她的笑容也變得僵硬。和B女在一起時，聊得很開心，你說的笑話她也很懂，最重要的是她的笑容給你帶來自信，兩人就這樣聊到忘了時間，差點錯過末班電車。

你會想再和哪一位約會呢？不用說一定是B女。和A女在一起時的你的分人，是個無精打采、活著也沒什麼意思的分人；和B女在一起時的分人，是**自在放鬆、快樂的分人**。如果一直和A女在一起，你可能會陷入自我厭惡。但和B女在一起時的分人，會讓你擁有肯定自己的感覺，用英文來說就是「enjoy myself」的狀態。

你會因為B女的存在而愛自己，儘管到頭來或許是經由別人而愛自己，但這是難堪的事嗎？

我希望各位反過來想。

這次假設你和另一個男生，喜歡上同一個女生。

你希望這個女生選擇你。可能你做了很多努力奏效了，她選擇了你，而不是你的情敵。可是你在這時問了一個很不知趣的問題：「為什麼妳不是選那個傢伙，而是選我？」如果她這麼回答，你會怎麼想呢？

「因為我和你在一起的時候，總是笑容滿面，我很喜歡這樣的自己（＝分人），但和他在一起就沒辦法這樣。我喜歡這樣的自己，也希望今後的人生能有更多這樣的自己。所以，如果你不能和我在一起，我會很難過的。」

如果這番話是對我說的，我會比單純說「因為我喜歡你」更開心。因為對方說的是，多虧有你這個人，我才能喜歡上自己。這是多麼美好的事，而且你對她是必要的人，這一點也有了踏實感。要是你和她分手，她就失去了「喜歡的自己」，所以想讓這份關係持續下去。

所謂愛，是對方的存在能夠讓你愛自己。同時，你的存在也能讓對方愛他自己。喜歡「和這個人在一起時」的分人，希望能活在這個分人裡。這種分人在情感交流中產生，會每天新鮮地更新下去。所以彼此才會成為不可取代的人，才會更愛對方，感謝對方。

就算不用事事都強調自己愛著對方，彼此已必然會一起走下去。

這種定義，也可說是前面提到的一般廣泛的愛。在父母面前的分人，在小孩面前的分人，在老師面前的分人，在家鄉時的分人等等，若這些分人都讓你感到愉悅，那你就是愛父母、愛小孩、愛老師、愛家鄉。

當你不知道自己是否喜歡現在交往的對象，就可以反過來自問：「我喜不喜歡和這個人在一起時的自己？」這樣自然會出現答案。

我們能同時愛多個人嗎？

以「個人」為單位的思考，原本為了對應唯一的神，所以自己也必須是不可分割，毫無保留的人。在西洋近代的戀愛觀裡，也是採「個人」為單位，因此彼此必定會成為類似對方唯一的神的狀態。很多戀愛小說描寫的煩惱都根源於此。明治時期的日本人之所以無法理解戀愛那麼崇高絕對，其中一個原因就在於東西方背景的差異。

即使在現代，有些人會檢查戀人的手機，絕不允許對方有任何隱瞞。這種人是想當對方的神。若對方說，我把一切都攤出來了，那麼彼此彼此，你也要把一切都攤出來，這麼一來自己也把對方當成了神。**這是一對神的戀愛**。

但分人主義的基本想法是，我們只會知道對方和我們在一起時的分人。當對方和我們在一起時，他和別人在一起時的分人會隱藏起來，因此我們無法知道對方的全部。基督教徒告解時很積極，什麼都敢說，這是因為他們認為不管自己在哪裡做了什麼事，神都看在眼裡。但人類除非用GPS或竊聽器二十四小時監控對方，否則不可能什麼都知道。

我說過，「戀」與「愛」的關係就像翹翹板。和一個人深深相愛時，也可能和另一個人墜入情網，也就是所謂的劈腿或外遇。有人因為忠於戀愛是一對一的法則，貿然把「戀」當作「愛」——和現在的配偶離婚，與別人再婚，後來才領悟到這其實不是「愛」，只是「戀」，很難把關係維持下去。和新的這個人在一起時的分人，並沒有想像中那麼喜歡，只是一時的戀情對象，能夠讓愛持續下去其實是前任男友或前妻，卻為時已晚。

一路下來我反覆強調，人是分人的集合體，重要的是分人的構成比例。這種情況下，擁有戀情的分人，又擁有與某人相愛的分人，亦即擁有多個分人是很有可能的。外遇或劈腿絕不會消失，這就是最好的證明。**文學裡更是不厭其煩地描述，理應是「個人」的主人翁，擁有多個戀愛「分人」，因而引發矛盾與糾葛。**

如果不以**作為單位且價值中立的「分人」來思考**，而是以**作為思想的「分人主義」**來思考，判斷上就會出現巨大分歧進而造成問題。簡單說就是，你認為雙方都擁有多個戀愛分人時，可能相愛嗎？你的伴侶擁有別的伴侶，是可以容許的嗎？

或許有人看了立刻火冒三丈，說這種事怎麼有可能！首先是因為會嫉妒。譬如森鷗外的代表作《雁》就描寫了即使在擁有小妾不稀奇的時代，嫉妒之情也當然存在。

我在《曙光號》和《只有形式的愛》也觸及這個問題，書中角色的內心一直殘留著難以釋懷的心緒。例如《曙光號》男主角的妻子提出切實的疑問：人只能在分人層面相愛嗎？

「以一個整體的人相愛，終究不可能嗎？」

面對這個質問，最後我也只能給出稍微保守的結論。

但就如前面提到的《食蓼蟲》和《卍》，或者《雁》也一樣，都描寫這種狀況。更早的像《源氏物語》，同時與多名女子享受愛戀，並且視之為優雅的時代。光源氏在「戀」和「愛」方面，都有很多展現熱情且真誠的分人。

二十世紀的哲學家沙特和西蒙波娃，就是這種「允許同時進行並公開」的關係。沙特曾對波娃說：「我們兩人的愛是必然的，但我們是作家，因此也該有偶然之愛的經驗吧？」這是相當知名的軼聞。「偶然之愛」就是「戀」。

這種情況重要的是，和別人談戀愛，未必就不愛現在的伴侶。以「個人與個人」的戀愛來說，既然你喜歡上別人，就是不愛我了。可是，如果每一個分人都是「真正的自己」，就有可能同時進行。

關於這看法，或許有絕對無法理解的人，和可以理解的人。一定也有人理智上可以理解，但肉體上的關係還是無法接受。應該也有人對分人主義持肯定態度，但結婚生了小孩之後，享受和這個小孩的分人，就不想再有戀愛的分人。

分人與嫉妒

我們再來談談嫉妒吧。

夫妻或戀人之間會嫉妒的，不只針對新的戀愛對象。也有人嫉妒對方的家人或朋友，而且不單是人，有時嫉妒的對象是工作或興趣。

這個問題關係到**對方心中的眾多分人裡，「屬於自己的分人」佔有多大份量**。如果同性友人的分人，顯然比屬於自己的分人更佔上風，或是工作時的分人或埋首於興趣的分人，受到格外重視，這時會引發不滿或嫉妒。

「我和工作，哪個比較重要？」這個問題，以選項來說，是在比較根本不能比的事，乍聽讓人感到荒謬。但如果這麼問：**「哪一個分人比較重要？」**重點就不一樣了。

每個人一天都只有二十四個小時，一年只有三百六十五天，而且再怎麼健康的人，也不可能擁有無止盡的精力，更何況財力也有限。這些貴重的事物，要用在哪個分人上呢？是用在我身上，還是興趣，或是工作呢？如果這麼想，「我和工作，哪個比較重要？」就未必不合情理了。

工作的分人膨脹巨大，戀人的分人就會相對變小，這種人平常埋首於工作，到了假日會想好好休息。但工作特別忙的時候，戀人的分人比重最大的人，會希望至少在休假時能只和自己的分人度過，但戀人的埋怨會使他覺得：難道自己的分人對他就不重要嗎？為此悶悶不樂，成為兩人爭執的導火線。以這個層面來說，**兩人都有類似的分人比例是最理想的**。但若雙方的工作分人都太大，彼此的分人就會萎縮，下場就是藝人離婚經常說的「因為忙工作而漸行漸遠」。

但若因此希望戀人和自己有相同的興趣也很難吧？例如丈夫喜歡釣魚，妻子卻連活魚都不想碰，要妻子和他去釣魚是強人所難。但若丈夫有釣魚同好得以滿足他這個分人，妻子一定也會感到慶幸，自己也能滿足於愛看韓劇的分人。

若對方的分人只有屬於你的分人，完全沒有別的分人，在一起一定會喘不過氣。因此到頭來，問題還是在於分人的構成比例。

單戀與跟蹤狂

如果自己的「屬於對方的分人」，和對方的「屬於自己的分人」，兩者大小不同，戀愛關係很難順利。

所謂單戀，是彼此的分人構成比例極度不對稱。自己喜歡對方的分人不斷膨脹，壓垮了其他一切分人，一天到晚只想著對方，可是對方卻一直以社會性分人對待你，或是對別人的分人遠比你大很多。例如約他出來，他說很忙而婉拒，卻跑去跟別人約會，如果你知道了打擊一定會很大，搞不好會抓狂呢。其實這就意味著，對他來說，別人的分人比較重要。這就是單戀之苦的真相。

跟蹤狂是單戀的極端版本。通常，一般人發現自己在對方心裡的分人不具有重要位置時，頂多是苦悶傷心，但跟蹤狂不能容忍這種事，為了讓自己在對方心裡的分人變大，**使出的反常手段就是跟蹤**。

跟蹤狂大致分為兩種。一種是一廂情願喜歡上偶然認識的人，對人家糾纏不休；另一種是想和已經分手的對象重修舊好而糾纏不休。據媒體報導，跟蹤狂不僅會使出打無聲電話這種陰沉手段，更多案例是凶殘地刺殺對方。

跟蹤狂想殺過往戀人的心理，究竟是什麼構成呢？是得知過往戀人心中屬於自己的分人已和過去不同，除了憤恨之外什麼都不剩而試圖消除這種不堪？還是難以忍受過往戀人心中，已逐漸被別人的分人佔據？這兩者未必相同。

那麼一個**純粹**懷抱愛意的人和跟蹤狂有何不同？

可能在於難以言喻的「氛圍」吧。但兩者有個共同點，都相信自己的感情強度，也就是相信向對方表達自己有多愛對方，一定能打動對方的心。實際上就是忠於個人對個人互相表達愛意的模式。

但以分人主義對愛的理解來看，有一點很重要，就是多虧了有對方這個人，自己才得以喜歡上自己。然而跟蹤狂這種人，幾近勒索地強迫對方給出重要的分人，不僅對方不高興，恐怕也對自己不滿意。不管怎麼做真的只有反效果。

失去心愛之人的悲傷

失戀之苦，在於對方的分人膨脹到極點後，卻再也無法活在這個分人裡。以前在男友面前總是很開心，只有這個分人能讓自己放鬆撒嬌，甚至做一些無聊的惡作劇，但這個分人以後再也沒有機會更新了，卻又無法立即消失，必須承受一陣子。而且**在自己的分人構成比例中，往後說不定沒機會再出現佔有這麼大比例的分人。**

這個和戀人分手的分人，隨著時間過去，有了新的邂逅（新的分人）之後會逐漸變小。尤其有了新戀情產生別的快樂分人之後，這個分人或許會急速萎縮作廢。

比失戀更深的失落感，是心愛的人早逝。

如果沒有別人的存在，分人不會產生，也無從維持。而且分人會藉由與對方的交流不斷更新，維持新鮮度。也就是說「分人」是「活著」的，如果對方死了，從眼前消失了，就再也無法更新。

心愛的人不在了，當然悲傷。同時，**無法再和心愛的人活在那個分人裡，也非常悲傷**。

接到訃聞的悲傷，經常來得比較慢。

得知某人的死訊時，會當下瞬間落淚的人，其實沒那麼多吧。雖然衝擊很大，但真切的感受不見得會立即湧現。

但過了一陣子，傷心的感覺會油然而生。無意間想起故人會萌生

「啊，好想跟他說說話」的念頭，這時才痛切地感受到他已經不在了。自己最愛的自己將無法存在，也就是再也不能活在和故人的這個分人裡了。

這個分人只能活在記憶裡，不會因為還活著的人意想不到的言行而更新了，這就是心愛的人過世的悲傷。

心理學上，將接受心愛之人死去的過程稱為「悲傷五階段」，指的就是一種慢慢地讓故人的分人活躍性停下來的過程吧。

談到死者的時候

聊到故人，我們常聽到這種言論：「要是他還活著，現在會這麼說吧。」長久以來，我對此強烈反對。

為什麼敢說出這種話？這種自以為是的臆測，對死者是一種不尊重吧？因為人死了無法反駁，就把自己的想法硬塞進去？我於〈《在費康》〉這篇小說裡，結合我早逝的父親寫了這這件事，此外在《請填滿空白》這部小說裡，描寫和我際遇相似的主人翁，也是從這件事寫起。

「死人不會說話」，結果死者的內心只能任由別人亂說。「要傾聽死者的聲音」，就煞有其事說些看似合理正當的話。其實不管怎麼努力，到頭來都只是活著的人一廂情願的想像吧？

我重新檢視這個想法的契機，是在和大江健三郎的對談上。大江先生的《換取的孩子》一開頭就出現，主人翁長江古義人用耳機聽著暱稱「田龜」的老舊卡式錄放音機傳出的，自殺老友吾良的聲音，沉浸於兩人的對話裡。我很在意這一幕，坦率地將我前述的疑問拿出來問大江先生。當時大江先生如此回答：

「可是到了我這個年紀遭逢朋友過世，我會藉由書寫逐漸將過世的朋友收進心裡，或是進入這個已死的朋友心裡。這樣死者和我的關係反倒會曖昧模糊起來，感覺像是把對方放進非常主觀的關係裡。」（〈今後四十年的文學想像〉收錄於《對話》）

坦白說，當時我不懂「收進」和「進入」這種用語的意思，一如往常把它當作活著的人自以為是的臆測。如果對方是別人，我可能會當下直言反駁，但我非常喜愛大江先生的小說，所以決定將心儀作家當面說的這番話，放在心裡沉澱一下。

看似矛盾，但其實我也明白大江先生想表達的意思。後來聽別人談論故人時，我當下留意到有些人有資格談，有些人沒資格談。有一種是，這個人說得好像跟故人很熟，其實他根本不了解故人。還有一種是，聽了覺得很有道理，如果故人還活著，可能會像這個人說的那樣思考、那樣行動，非常有說服力。這種差異究竟是怎麼回事？我想就是在「非常主觀的關係」上能否加上某個程度的客觀性。

語言，遠在我們出生之前早已存在，我們死後也會久遠地存在。我們活著的幾十年間，只是短暫借用語言來表達自己。向誰借的呢？一定是別人。無論跟書本借，或來自面對面的交談，總之我們絕不可能獨自學會語言。這個道理用在學外語時更是簡單易懂。

因此我認為，「要是那個人還活著的話……」絕非靠自己想像就能說出來。如果沒和故人有過交流、沒有受到故人影響，這種想像應該不會自動湧現。

如今我已經能用分人這個概念來說明，我對《換取的孩子》和大江先生那番話的看法。

如果你和故人是長年摯交，他在你心中的分人依然尚存時，這個分人的感受與思考，必然受到故人影響，譬如故人的口頭禪或想法之類的。也就是說，你說的話有一半是自己的，一半是故人的。這裡有「非常主觀的關係」，但也伴隨著客觀餘地。

而沒有資格談論的人，因為和故人之間沒有夠份量的分人，所以說出來的話也來自與故人關係以外的地方。

分人的人格，是和對方交流生成的一種模式。我在這狀況下說這種話時，對方會作何反應？分人在某個程度是清楚的。如果是出乎意料或被出賣的反應，從好的意義來說是活著的人的可貴之處，但某個程度，分人還是知道的。

擁有與心愛之人的大比重分人，或許有資格說：「要是那個人還活著的話……」我確實能想到幾個假設我死後，能這樣談論我，我會很高興的人。

死後依然活著的分人

這裡提到的分人和死的問題，都是我寫《請填滿空白》想到的事。

任誰對自己的死都有不安與恐懼，我也會怕。所以人會想像死後世界，夢想死後也以某種形式繼續存在。

以分人的觀點來看，一個人死了之後，還會活在周遭的人的心裡，也就是那個分人依然存在。所以你死後，你在好友心中的分人或許也會繼續存在，他可能會說出：「要是你還活著，這種時候你會……」之類的話。當這個朋友後來認識了誰且熟悉起來，屬於你的分人可能會影響他新分人的形成。

我們隨著年齡增長，無論願不願意，都會帶著死者的分人活下去。能夠藉由通靈和死後世界朋友聯繫的人，或許是**心心念念這個死者，經常活在這個死者的分人裡**。譬如我們對著牌位說話，在墳前上香時，也會感到那個懷念的分人復活了。

你的存在，在你死後，也會藉由別人的分人留在這個世界上至少一段時間。即使我們沒有宗教信仰，細細體會這個事實，或許多少能安撫我們對於死的不安。

就算實際知道生前的你的人都死了，或許也會有人透過各種紀錄，產生了新的對你的分人。

宗教領袖、歷史偉人、已故作家或音樂家等，其實我們都沒見過他們，但依然有著他們的分人。他們和活著的人不同，我們不可能直接影響死者，但藉由我們的新發現或解讀，得以更新死者的形象，以後他的分人也會有各種變化。

帶著汙名死去的人，死後可能產生令人不愉快的分人。但若有人洗刷他的汙名，接下來面對這名死者的人，應該會產生截然不同的分人。

為什麼不可以殺人

一個人的死，意味著他擁有的所有分人都死了；過去和很多人接觸所創造出的分人，當下實際擁有的分人，接下來可能會和誰相遇所產生的分人。

殺人，當然是奪走被害者的生命，同時也是奪走被害者所有的分人。倘若你的摯友遭人殺死，你曾對摯友造成的影響，在他心中產生的屬於你的分人也被殺死了。

殺死一個人，等同破壞了這個人的人際周邊，甚至再往外擴展的

周邊，無限連結的分人鏈。這個人被殺，等同剝奪了你心中屬於他的分人的更新機會，也大大影響決定你個性的分人比例構成。

若沒有別人，人無法成為嶄新的自己。一個人的死，會使很多人喪失將來改變自己或成長的契機，也失去了擁有「喜歡的自己」的分人可能性。而殺人者，不管身上還有其他多麼善良的分人，在與被害者的分人上都必須受到刑罰。就算鄰居說「他平常就是個一般人」，司法也會將他犯罪的分人，當作他的中心分人來處理。他的家人或朋友，也會被看成有這個殺人者分人的人。

以分人的觀點來看，「不可以殺人的理由」就有這麼多。絕非僅限於被害者與加害者的問題。殺人者，因為殺了一個人，就能造成如此複雜且大規模的破壞。

對於擁有「無可挽救的分人」的人，我們該如何看待呢？我會在最後一章梳理這個問題。

第五章　克服分裂

遺傳因素的影響

來到最後一章了，其實之前我有個問題不敢碰。或許有些讀者或許也感到失落。那就是遺傳因素。

一個人的個性形成，大致可分為遺傳因素與環境因素。前述的分人都屬環境因素，亦即在什麼地方，認識怎樣的人，形成怎樣的分人。

此外當然還有遺傳因素。我提過我父親早逝，大約在我一歲就過世了，所以我對他沒有任何印象，但認識我父親的人經常感到驚訝，說我有些動作和性情和我父親「很像」。因此作為小說家，遺傳也是我關心的另一個重大課題。

假設有個人同時認識你和我，叫什麼名字都好，就以卡夫卡的小說風格稱之為K吧。

K和我時常見面，也時常和你見面。當然在K的心裡，屬於我的分人和屬於你的分人，是各別生成的。我們也各自產生了對K的分人。

若以隱藏式針孔攝影機，分別拍下我和K在餐廳的用餐情形，以及你和K在餐廳的用餐情形，然後加以比較，會發現每個分人都不一樣。

對於一路讀下來已經熟悉分人思想的朋友，會覺得理所當然。但這裡有個根本上的問題：為何會不一樣？

我們回溯到一個人剛出生，還沒遇見其他人的時間點來看。

嬰兒面對婦產科醫生的反應各不相同，有的一直哭，有的不太哭，這與其說是性格上的問題，更大的因素是出生時的狀況吧。

然後在父母的養育下，嬰兒的分人化也開始生成了（又或者在母親的胎內就開始了）。這時若領了同一天生，完全沒有血緣關係——

亦即遺傳基因不同——的嬰兒來當養子，和自己生的小孩一起扶養，兩個寶寶面對同樣的父母，還是會產生若干差異的分人吧。

這個遺傳因素，在後來的成長過程中，一定也會持續對分人化產生影響。關於這一點，我們能做什麼呢？

雖然基因的奧祕，一直是現今相繼被研究的題目，但這個問題超越了本書能處理的範圍，我沒有能力論述這專業問題，但我可以想像，繼承了同樣基因的同卵雙胞胎，若一個在東京扶養，一個在巴黎扶養，兩人都長大成人後，會出現很大的不同。從歸國子女的個性便不難看出海外生活的分人影響。

所謂個性是分人的構成比例。而且這個個性，在對新認識人的產生分人時，也有很大影響。一個在艱苦環境長大的人，滿心都是「看到人就當成小偷」這種分人，和一個在家家戶戶都不上鎖的純樸鄉下長大的人，兩人遇見Ｋ時，儘管面對同一個人，剛開始也會產生不同的分人吧。也就是相遇這個時間點之前擁有的分人構成是會造成影響的。

但是，K本來也有自己分人構成所形成的個性。如果我和你，長期與K持續交往，由於K的個性使然，我心中的K的分人，和你心中的K的分人，或許會越來越相似。現實中確實也有這種人，只要和他在一起，大家都會心平氣和，或是只要和他在一起，大家都會心煩氣躁。

而K也一樣，因為認識了你和我，也生出了兩個新的分人，分人構成比例也逐漸變得和以前不同。**個性會經常在新的環境與新的人際關係中產生變化。**倘若十年前的你和現在的你不同，這是因為來往的人不同了，分人構成比例也不同了。我不斷在強調這一點。

我們無法選擇以怎樣的基因組成出生。就某個意義來說，這種作用是我們不可抗的因素。

藉由觀察自己的分人化傾向，以及別人對自己所產生的分人化傾向，多少可以看出自己的遺傳特性。但若要具體思考，恐怕得透過人際關係。

剪輯的缺失

如果人的個性是不可抗力的遺傳因素，與面對環境的分人化產物，那我們該如何看待犯罪者？這也是《決壞》這部小說最後處理的問題。

小說家描寫角色時，會出現一個明確的問題，就是恣意使用**剪輯技法**。

勸善懲惡的故事裡通常需要一個冷酷無情的殺人犯作為受懲的

「壞人」，但我在托嬰中心看著出生不久的小孩不禁心想：如果這些天真無邪的小孩將來有人成了殺人犯，真的是這小孩自己的責任嗎？孩子們都是在社會上經歷種種分人化的經驗才成為大人的，所以**犯罪的責任，有一半在社會**。

若將「壞人」犯罪前的經歷以所有分人化的過程仔細描寫出來，就算他犯下的罪是「壞事」，或許也很難把他當「壞人」看。

但在小說或電影裡，很難將這些分人化的過程都交代出來，非得做些剪輯不可。若要全部交代出來，不管寫幾萬張稿紙也永遠寫不完。因此突然出現在讀者面前的角色，在本性上有的看起來是「壞人」，有的則像是「好人」。

實際上這也發生在我們的日常生活裡。我們平時認識一個人的時候，應該也有這種經驗。

一個陌生人出現在我們面前時，他過去的分人化過程通常被剪掉

了。

如果你覺得一個人的個性很差，只要明白他分人構成的由來，或許就能理解。刑事案件審判時，也有表明被告的成長經歷而請求酌情量刑，這就是不要過於用剪輯化來看一個人。

重要的是，我們要常保這種想像力。從這一點來看，「個人」這種思想果然有很大的缺失。

分人是和別人「不可分的individual」

本書是從「個人individual」是「不可分」，亦即「無法再分下去」的意思出發。我想各位已經充分理解這個含義，但是，我想請各位再留意「無法再分」的意思。

個人確實是不可分的，但是和別人是明確可分，是可以區別的。正因如此，也被當成義務或責任的獨立主體。

當你成就輝煌是你做了什麼事，不是別人。別人與此事毫無關係。當你犯了罪，也是你的所做所為，跟別人無關。不管你是富翁還是窮人，都是你的事，和別人是可以分割的。

但我們再仔細以分人化這個現象看待，會明白這種想法根本錯誤。人是面對別人所產生的分人集合體。不管你做了什麼，有一半是託別人的福，或是別人害的。

「個人 individual」在與別人的關係上是可分的 dividual，聽起來像是悖論，但這個字詞的意思是從理則學發展出來的。

而**分人 dividual 在與別人的關係上反倒是不可分的 individual**。說得更清楚就是，**個人是把人分割成一個個的單位，它的思想是個人主義。分人是不讓人分割成一個個的單位，它的思想是分人主義**。這和以人種或國籍等更大的單位，將個人粗略地統合起來不同，**分人主義是將單位變小，來發現細密連結的思想**。

所以，我們應該為旁人的成功感到開心，因為分人的關係，我們也對這個成功做出了貢獻。我們應該誠摯對旁人的失敗伸出援手，因為分人的關係，我們對這個失敗也難辭其咎。

以多元文化作為思想啟發

這樣一路談下來，當然還得思考一個問題。

一個人心中的分人們，會互相滲透嗎？還是完全隔開的？我在前面提過，如果將個人當作整數1，那麼分人就是分數，但這些分數加起來會不會等於1，我持保留態度。因為這不只是社會性分人和對每個人分人的層面問題，還有混雜在一起的問題。

我認為提倡多元文化共存時，有兩個思想可以作為啟發。一個是美國一九六〇年代前後，隨著自由主義流行的文化多元主義（cultural-pluralism）。另一個是一九九〇年代，隨著共同體主義出現的多元文化主義（multiculturalism）。

兩者乍看相似，在意義上都是呼籲尊重多元文化，但尊重的方式不同。

文化多元主義主張拆除文化間的藩籬，得以自由交融。對此，多元文化主義則認為，文化是畢竟扎根於各自土地的東西，希望能尊重它們原有的型態。

兩者互有長短。文化多元主義主張的交融可以衍生出新文化，這一點我們很容易想像。可是，它和資本主義結合，成為壓倒性且不對稱的力量排山倒海而來，少數人的文化就會輕易遭到併吞。在全球化的背景下，美國的「文化帝國主義」在冷戰後就受到各方批判。

這兩種立場鮮明的例子，以爵士樂來說，就是同為小喇叭手的邁爾斯．戴維斯和溫頓．馬沙利斯（Wynton Marsalis）。

邁爾斯活躍於六〇年代的全盛時期，基本上是自由主義思想的擁護者，不管是搖滾樂、古典樂或爵士樂，他認為音樂就是音樂，只要是好的東西當然可以混在一起。因此，尤其六〇年代後半，他的音樂融合了搖滾、放克、古典等各種音樂，漸漸不能歸入傳統的爵士樂範疇。所以不少粉絲表示，不喜歡後來的邁爾斯，還是比較喜歡演奏傳統爵士樂的邁爾斯。

另一方面，八〇年代如彗星登場的另一位天才溫頓．馬沙利斯，無論在古典管絃樂或爵士樂都能完美演奏，他認為古典樂有古典樂的魅力，爵士樂有爵士樂的魅力，絕對不能混為一談，更遑論搖滾樂和爵士樂的交融，當然持否定態度，頑固地堅守扎根於紐奧爾良的傳統爵士樂。他是典型的社群主義者。

邁爾斯時代，爵士樂已逐漸跟不上其他音樂類型的自由發展腳步，因此也理所當然地會萌生超越類型藩籬，創新爵士樂的想法。到了溫頓時代，這種異種交配的結果，導致傳統爵士樂奄奄一息，所以更必須保存它的純粹樣貌，這種想法倒也不難理解。

但這和兩人的「個性」也有很大的關係。例如溫頓和胞兄布藍佛・馬沙利斯（Branford Marsalis）屬於同一個世代，但布藍佛反倒是自由主義、文化多元主義的音樂家，還曾是邁爾斯樂團的一員。

就我來看，這兩種思想與實踐，都是社會必要的層面。

在如今這種網路時代，文化交融早已不容否定。可是將什麼都混在一起，相隔遙遠的人失去了碰撞的緊張感，最後世界恐怕只會產出相同的東西。所以保存徹底貫徹地方主義的文化也很重要。

分人應該融合嗎？

我在文化多元主義與多元文化主義的問題得到啟發，寫《曙光號》時讓**分人多元主義（dividual-pluralism）**和**多元分人主義（multidividualism）**這兩個概念登場。簡單地說就是，一個人擁有的多個分人，要積極讓它們混在一起比較好？還是分得清清楚楚比較好？

就結論來說，如同文化多元主義和多元文化主義的情況，我認為兩者都有可能，基本上混合的時候比較多。我們的各種分人說的都是日文（針對外國人的分人可能說不同的語言），某個分人吸收進來的話語，也可能混進另一個分人裡。某人的分人成了你的基礎分人，對其他分人造成或好或壞的影響，這在現實裡也是可能發生。對方明明沒做什麼，你卻覺得對方怪怪的，有可能是你和別人的分人滲出來了。

分人之間會互相影響，互相滲透。

此外，據說在夢境或無意識的層次，各個分人也會交錯穿梭。結果各個分人的距離會縮短，不管和誰接觸，表現出來都是相似的分人。極端的分人太多，會活得很累，所以想用比較接近的少數分人來過活比較省事。這也是一種想法。

但另一方面，我們也想大膽地活出差距較大的多個分人。又或者，哪怕是微薄之力，也想避免讓珍愛之人的分人被日常的基礎分人吞噬，或避免讓無法對人言說的奇怪興趣分人，被混進家人的分人裡。

分人的構成，宛如形狀各異的積木堆疊，有無法混合的部分，也有像水彩顏料在畫紙上滲透交融的部分。是混合的部分成了個性？還是和其他完全切離出來的部分佔據了個性的中心位置？實際的感受究竟如何？這都是我們要思考的。

克服分裂

最後，我想用分人的概念來思索，如何克服社會共同體的分裂。

我們活到現在，都是有意識或無意識在思考自己的分人構成比例。換言之，就是**選擇交往對象**。

結果就是社會會出現一定的共同體，例如工作上的共同體、興趣的共同體、政治的共同體、思想的共同體等等……這些共同體要融合是很困難的事，因為沒有必要，對彼此也不感興趣。

如果一個人是不可分割的，能夠歸屬的共同體變得就只有一個。這是他的身分認同。但是**被束縛在一個共同體裡，我們又會覺得不自**

由。不是否定共同體的重要性，只是討厭這種不自由，所以不少人不想屬於任何一個共同體。

以我來說，我對於「家鄉愛」長年有著複雜的感情。我在北九州市長大，高中時，朋友摟著我的肩說：「我們可是在地人喔！」我有一種難以言喻的厭惡。我有熱愛文學的一面，也想在別的城市生活，體驗更多各式各樣的經驗。可是我的身分認同，卻被限定在這個地方共同體，讓我感到不自由。

所以我待在北九州時很排斥共同體，總想早點離開這裡，充分發展自己別的可能性。

但是，後來我去了京都，去了巴黎，住在東京，當了作家，認為自己的個性是各種分人的累積之後，我終於能坦率地承認我對家鄉的愛。這完全多虧了分人化。

要解決現今的共同體問題，就**要加入多個共同體**。要實現這個目標，唯有導入分人這個單位。

假設一個人，加入了思想立場全然迥異的共同體，以「個人」來思考，這是矛盾、是自我背叛，會被當成沒有始終如一的變色龍。但以「分人」的觀點來看，這是可能的，因為每個共同體都能以不同的分人去參加。而且**參加完全不同的共同體，在現今顯得格外重要。**

進入二〇〇〇年後，世界經歷了幾次恐怖攻擊，如何與相隔遙遠的他者取得和解，成了我們必須面對的重大課題。另一方面，網路的發達也讓我們經歷了他者強勢的多樣性。這兩個問題，從《決壞》以後就是我小說的一貫主題。

我們既然以「個人」參加一個共同體，就只能靠共同體成員的對話來融合，但這經常是極其困難的事。但就如前面說過的，**我們內部的分人，有融合的可能性**。無論在意識層面，或無意識層面，都會相互影響。

我們或許能透過每個人的內部，為對立的共同體帶來融合。參加右邊共同體又參加左邊共同體的人，左邊共同體的分人會感染右邊共同體的分人。如此一來，說不定能影響你在右邊共同體認識的人，改變他原有的對立價值觀。當然，反之亦然。

雖然是非常微觀的感覺，但我認為在克服共同體造成社會的分裂上，有著很大的可能性。不是把對立或無關的兩個共同體，用一個更大的價值觀統合起來，而是藉由同時參加這兩個共同體的人，透過小小的連結達到融合。

我在前面說過，如果自己的好朋友和自己討厭的人交往，我們不該說三道四。自己非常親密的人裡面，或許也混雜了很討厭的人的某些性情。但我們得以靠近的新可能性，不就在這裡嗎？

後記

近未來長篇小說《曙光號》出版後，我多次收到讀者提及：「我對書中說的『分人主義』感觸良深，覺得迄今人生裡許多模糊不清的事，能夠清楚地梳理了。因此我也想把這個思想介紹給別人，可惜我周遭都是不讀小說的人，可以的話希望您能將精髓整理成一本新書。」

我看了不知該不該高興，總之心情很複雜。畢竟看到「周遭都是不讀小說的人」，真教人難過。但我也想到，如果藉此機會讓更多人對小說有興趣就太好了，所以我積極思考寫這本書。

這就是寫這本書誕生的緣由，因此執筆當下，我也謹記避免用艱澀的詞彙，力求簡明易懂為第一要務。

這本書和小說不同，主要的目的在於提倡「分人」這個單位。我想有多人在日常生活中，都想給籠統含糊感知的事一個簡便的名稱。

我提出「分人」這個名稱，也是希望各位能有個簡潔的思考依據。此外我也認為，一定有人比我更能用「分人」這個詞彙發展出各種理論。

「分人」這個新造詞彙，是從「dividual」直譯過來。我把「individual」的「in」拿掉，得到「dividual」這個英文單字，有陣子我一直認為這是我新創的詞彙，因為我手邊的字典都沒有這個單字。

後來有位美國朋友告訴我，我想到的事，其實很多英語系的人也想過了，雖然不是很普及，但這個單字是存在的。可是《牛津字典》對「dividual」的解釋是：

> (1) That is or may be divided or separated from something else; separate, distinct, particular. (2) Capable of being divided into parts, divisible; divided into parts, fragmentary. (3) Divided or distributed among a number; shared,

participated, held in common.[4]

似乎不像「個人 individual」那樣，被用來當作人的單位。

本書日文版副書名「從『個人』到『分人』」，並非只是單純的發想轉換，也包括了歷史經緯。雖然正文沒有深入詳述，但「individual」的起源與變遷，以及成為日文「個人」的過程非常重要，因此我以「補記」附在卷末。

本書與專家的論述相去甚遠，內容也是極其簡單的素描程度，但「分人」這個想法不是我隨便想出來的，而是扎根於「個人」這個概念的本質，這一點也希望各位能夠理解。

*

最後，若沒有許多人的寶貴建議與鼓舞激勵，這本書不可能問世，在此表達我的感謝。

此外，本書是在口述筆記的基礎上，我再全面修改完成。我也要藉此感謝講談社現代新書編輯部的川治豐成先生。

二〇一二年八月八日

平野啓一郎

4 (1)即或可能被劃分或與其他事物區分；單獨的、獨特的、特定的。(2)全部能夠分成不同部分；能夠被劃分，但有餘數。(3)以特定數量分配或依指定份數劃分；共享、分擔或持有相同數目。

補記：「個人」的歷史

「個人」的起源

本書基本上以實踐性的內容為目標，但既然都寫了，最後我想補充說明「分人 dividual」這個概念的歷史必然性，以及「個人 individual」的起源與變遷。

話雖如此，這完全超出我的能力範圍，因此我想參照雷蒙・威廉斯（Raymond Williams）的《關鍵詞：文化與社會的詞匯》（*Keywords: A Revised Vocabulary of Culture and History*）對「個人」一詞的解說來談這件事。

「individual」具有我們現在說的「個人」之意，其實不是很久以前的事。

首先就語源而言，威廉斯如此說明：

「individual的前身是中世紀拉丁文的*individuallis*，這個字的語源來自拉丁文語源*dividere*（分開），從六世紀的拉丁文具有否定意味的（字首in）的形容詞individual衍生來的。*Individuus*是用來翻譯希臘文的*atomos*（不可切斷、不可分割）。」

之前我也多次說過，individual原本是「不可分」的意思，並非「個人」的意思。威爾斯舉出六世紀哲學家波愛修斯對individual的三個定義：

①單一體，或如精神，完全無法分割。
②如鋼鐵般堅硬得無法分割之物。
③如蘇格拉底擁有不適合其他同種之人的固定稱呼。

看似理所當然的論述，但都是我們思考「個人」這個概念時直指核心的定義。

例如定義②，十七世紀（近代）後，物理學領域源於希臘文的atom（原子）一詞就是繼承了這個定義。individuus就是atomos的翻譯，也就是回到了原來的意志。

而定義①，最初用在神學上，說明神的「三位一體」、「本質上的不可分」。雖然基督教是一神教，但「神」也有父、子、靈三個人格，在本質上是一個，對於非基督教徒是難以理解的教義。後來含義逐漸擴大，也出現了這種用例：「individuall，這是像夫妻般不可分開的存在」或「天主教會是一個整體（individuall）」。到了這裡，我們就比較容易理解了。也就是說，雖然有構成要素，但如果不是一體就是沒有意義的存在。只有丈夫，或只有妻子，就不是「夫妻」。

定義③是和形上學與理則學都有關聯的問題。形上學應該看複雜的中世紀哲學「共相論爭」（Problem of universals），我在此割愛，集中於理則學的發展來討論。

individual（不可分的東西），無論生物或物質，都有「個體」之意，進一步發展到對於「人」具有限定「個人」之意，以過程來說，在兩個領域的發展是必要的。

首先第一個是理則學。

比方說，請各位想像一下學校教室裡的情景。教室裡擺了很多東西，有老師的講桌，有學生的座位，還有置物櫃。

老師的講桌和學生的座位是不同的東西，當然是可以分開的，可以區別。每個學生的座位，桌子和椅子也是可以分開的。可是講桌本身，桌子本身，椅子本身，就是不能再分的individual。這個「不可分的東西」就是一個個的東西＝「個體」（順帶一提，日文的「分かる」就有將混在一起東西分開、區別，以辨明性質之意）。

接著在十八世紀，這種想法也被導進新學問裡，就是生物學。

哺乳類是為數龐大的類別，其中「羊」又有很多類別，更進一步分為胖羊、瘦羊、性情暴躁的羊、溫馴的羊之後，剩下一隻一隻的羊，這些羊已經是不可再分的 individual。生物上也有「不可再分」的存在，這就是個體。

若以社會的觀點來看，對應到人類身上，就是有國家，有都市，最後細分成一個一個的人，然後就無法再分下去了。也就是說，「個人」是社會（也是政治或經濟）的最小單位。

此外從生物學的觀點來看，有動物，有哺乳類，有人類，但各不相同的一個人一個人已經無法再分。這也是最小的單位。因此進化論長期將個體當作自然淘汰的單位。對此也有人開始主張以更細的基因單位來看，譬如《自私的基因》（*The Selfish Gene*）作者理查・道金斯（Richard Dawkins）。

這個姑且不談。綜合上述的主要脈絡，individual以「個人」這個意義且固定下來之後，就失去了原本「不可分」的意義。現在只出現在字典的語源說明裡。

個人的價值

「個人」的存在是到了近代以後，和詞彙一起發現的。當然這並不是說，以前西洋人無法區別自己與他人，但要明確地意識「個人」，探討「個人」，給「個人」賦予價值，就需要詞彙。這對思索「分人dividual」的我們也有啟發性。

不僅詞彙，「個人」這個存在，在西方社會如何確立起來，也涉及各方面的龐大檢證。

在此，我想先談一下「個人」這個單位的價值。關於這一點，科林・莫里斯（Colin Morris）寫的《The Discovery of the Individual 1050-1200》提供了豐富的討論，有興趣的朋友請務必參考。

近代以前，在基督教牧師們的著作中，已經可以看到重視「個人」價值的發想。

基督教的神，並非隨時會現身在這個世界。人不能透過物質，必須透過自己的內在精神來面對神，因此必須審視自己的內心。

自己和其他人有何不同？犯了什麼罪必須祈求神的寬恕？這種內省，後來藉由教會逐漸發展成告解的習性。因而在宗教的意義上，重視個人的內在，探究個人的本質，並有了優劣意識。

這時重要的是基督教是一神教這個事實。人與神的關係是一對一，面對全知全能的神，人不可以虛偽造假，必須是「真正的自己」。

但是在世俗面，為何「無法再分」的最小單位「個人」會受到重視？這是因為中世紀封建制度崩壞到近代，發生了一連串社會解體。失去了階級，乃至社會體系瓦解後，剩下的只有「個人」這個成員。反過來說，重新編整這個體系的最小單位「個人」，社會型態也會為之改變。

眾所周知，經歷了啟蒙主義，藉由市民革命實現民主化的過程中，逐漸提倡尊重自由平等的「個人」。我們看西洋史，總覺得是很久以前的事，但最近我們也才受到非洲茉莉花革命的衝擊。

個人和社會（國家或市鎮村）是對置的。國家的根本是每一個國民，但國家權力與個人的權利，經常處於尖銳的對立。

從經濟面來看，就如我在第一章說的，隨著社會機能分工，職業與個性吻合變得很重要。

以社會的期許來說，最適當的人才從事最適當的職業，形成緊密的網絡很重要。而個人的期許是，個性得以發揮，能夠連結職業選擇的自由／義務，同時也呼應社會的強烈要求。

社會想盡可能排除不確定因素。個人若不能始終如一，社會基本的構成要素就會不穩定，方方面面都會無法運作。

例如，貸款買房子要向銀行借錢，簽訂契約的前提是沒有虛假的個人同一性。而擔保這一點就是登錄共同體（國家或市鎮村），在日本是駕照或正式印章，能夠證明與戶籍同一性的東西。

因此個人的私生活，必然成為社會整體關心的事。因為一個人變調走樣，會波及社會網絡的運作。

就文化面來說，小說極其盛行，個人的人生就會佔據小說關心的中心位置。這和令人景仰崇拜的英雄故事不同，是存在於身邊的多樣個性吸引了人們。儘管小說描寫了許多糾葛，但這是來自假設「個人」是「不可分」的存在，如此非常勉強的定義。

「個人」這個日文

「個人」這個單位，就是這樣極其人工性又特殊的西洋概念。

最後，我們來看「個人」這個日文。

人們常說，西洋的「個人主義 individualism」有著悠久的傳統，而日本是明治以後才輸入這個思想，這一點有著根本的不同。

但就如我們一路談下來的，「個人」這個單位的確立，在西洋也是近代以後的事，而「個人主義」思想的誕生，更要到十九世紀中期。

法國知名政治學者托克維爾（Alexis de Tocqueville）著作《民主在美國》（*Democracy in America*），第二卷[5]有句話這麼說：

5 此處指日文版。中文版僅出成一冊。

「個人主義是新思想誕生後，最近才有的詞彙。我們的祖先只知道利己主義。」

我在第一章引用的漱石演講稿〈我的個人主義〉是一九一四年的東西。如果那是已經膾炙人口的詞彙，那麼這個對西洋人感到新奇的新創詞彙，應該是沒過多久就輸入日本了。

托克維爾在《民主在美國》一書中，對個人主義持否定態度，認為個人主義是這種思想：「擁有思慮周密而平靜的感情，但使得一個人從全體同胞孤立出來，讓他想和家人與朋友關在一個角落裡」。托克維爾是眾所皆知的民主主義理論家，他非常擔憂且慎重地觀察，法國大革命後，貴族體制時代的社會連結遭到切斷，瓦解出一個個的個人，視野變得狹窄，彼此漠不關心的現象。

現今也是，我們經常聽到，人們失去了地緣與血緣，變得越來越孤獨的議論。震災後出現的「羈絆」風潮就是一種表徵。

漱石的演講內容，在這個意義上也直指核心。他強調發展自己個性的同時，也要懂得尊重別人；行使自己的權利，要明白伴隨的義務；行使金錢權力，別忘了相應的責任。

但是，individual這個詞彙，對當時的日本人而言，和社會society一樣，都是難以理解的全新概念。

individual在幕末的幾本《英華字典》（英漢字典）裡，譯成「單」、「獨」、「單一個」、「一」等，指「人」的部分則另外譯成「獨一個人」、「獨一个人」、「獨一者」。這些字典都是英國人編撰的，他們可能想用「一個」的漢字，來表達「不可分」的原義吧。我在前言說的「個人是整數，分人是分數」就是這個意思。

福澤諭吉在《文明論概略》也用到「獨一個人」這個詞，但就日文來說顯得生硬，有種尚未定調的語感。因此明治初期拿掉了「獨」

字，就可以看到「一個人」這個詞彙了。後來也嘗試了各種譯法，到了明治十年左右，「一」也拿掉了，出現了現在使用的「個人」，最後終於定調在此。順帶一提，現在中國也把individual譯成「個人、個體」，理則學上也有「不可分割的實體」這種直譯用語。

「個人」一詞發展的經過大致如此，所以我們幾乎不可能從「個人」這個單字得知「不可分」的原義。我向別人說明「分人」這個想法時，通常也提到「個人」的語源，但幾乎沒有人想過「不可分」的含義。

明治維新之後，士農工商的身分制度瓦解，日本真的散亂成一個人一個人，必須以獨立的主體參與政治、從事經濟活動，因此「個人」的確立成為當務之急，而「自我」這個漫長的苦惱也是從這時開始。

其實我們開始思考「分人」這個概念，離最初對individual這個概念產生的違和感，已經是一百五十年後的事。

文學森林 LF0169

分人——

我，究竟是什麼？

私とは何か——「個人」から「分人」へ

作者
平野啓一郎
一九七五年生於日本愛知縣蒲郡市，長於北九州市，畢業於京都大學法學部。一九九九年大學在學中於文學雜誌《新潮》投稿《日蝕》，榮獲第一二〇屆芥川獎。之後陸續發表許多作品，並翻譯成多國語言出版。
主要作品：小說《葬送》、《滴落時鐘的漣漪》、《決壞》（藝術選獎文部科學大臣新人獎）、《曙光號》（文化村雙叟文學獎）、《只有形式的愛》、《請填滿空白》、《透明的迷宮》、《日間演奏會散場時》（渡邊淳一文學獎）與新作品《本心》等，論述文集《分人——我，究竟是什麼？》、《「帥氣」是什麼》等。
二〇一四年榮獲法國藝術文化勳章。二〇一九年以長篇小說《那個男人》榮獲讀賣文學獎，本屋大賞第五名與紀伊國屋書店年度選書第二名，備受文壇、讀者與書店員三方肯定。

譯者
陳系美
文化大學中文系文藝創作組，日本筑波大學地域研究所碩士，專攻日本近代文學，碩士論文《三島由紀夫「鏡子之家」論——以女性像為中心》。曾任空中大學日文講師、華視特約譯播，現為專職譯者。譯有：平野啓一郎《日間演奏會散場時》、《那個男人》，夏目漱石《三四郎》，三島由紀夫《豐饒之海》四部曲、《鏡子之家》，太宰治《人間失格》、《潘朵拉的盒子》，谷崎潤一郎《慾望的魔術師》等書。

封面設計　陳恩安
責任編輯　陳柏昌
行銷企劃　黃蕾玲、陳彥廷
副總編輯　梁心愉

初版一刷　二〇二三年一月五日
定價　新台幣三〇〇元

ThinKingDom 新經典文化
發行人　葉美瑤
出版　新經典圖文傳播有限公司
地址　10045臺北市中正區重慶南路一段五七號十一樓之四
電話　886-2-2331-1830　傳真　886-2-2331-1831
讀者服務信箱　thinkingdomtw@gmail.com
臉書專頁　http://www.facebook.com/thinkingdom/

總經銷　高寶書版集團
地址　11493臺北市內湖區洲子街八八號三樓
電話　886-2-2799-2788　傳真　886-2-2799-0909
海外總經銷　時報文化出版企業股份有限公司
地址　桃園市龜山區萬壽路二段三五一號
電話　886-2-2306-6842　傳真　886-2-2304-9301

分人：我，究竟是什麼？/平野啓一郎著；陳系美譯. -- 初版. -- 臺北市：新經典圖文傳播有限公司, 2023.01
224面；14.8×21公分. -- (文學森林；LF0169)
譯自：私とは何か：「個人」から「分人」へ
ISBN 978-626-7061-52-7(平裝)

1.CST: 人生哲學

191.9　　111020418